老板财务利润管控

BOSS
FINANCIAL
PROFIT CONTROL

熊玲 ◎ 著

北京时代华文书局

图书在版编目（CIP）数据

老板财务利润管控 / 熊玲著. -- 北京：北京时代
华文书局，2021.7
ISBN 978-7-5699-4191-3

Ⅰ. ①老… Ⅱ. ①熊… Ⅲ. ①企业管理－财务管理②
企业利润 Ⅳ. ①F275

中国版本图书馆 CIP 数据核字 (2021) 第 099441 号

老板财务利润管控
LAOBAN CAIWU LIRUN GUANKONG

著　　者｜熊　玲

出 版 人｜陈　涛
选题策划｜王　生
责任编辑｜周连杰
封面设计｜王　丽
责任印制｜刘　银

出版发行｜北京时代华文书局 http://www.bjsdsj.com.cn
　　　　　北京市东城区安定门外大街136号皇城国际大厦A座8楼
　　　　　邮编：100011　电话：010 - 64267955　64267677

印　　刷｜三河市京兰印务有限公司　电话：0316-3653362
　　　　　（如发现印装质量问题，请与印刷厂联系调换）

开　　本｜889mm×1194mm　1/32　印　张｜8　字　数｜143千字
版　　次｜2022 年 1 月第 1 版　印　次｜2022 年 1 月第 1 次印刷
书　　号｜ISBN 978-7-5699-4191-3
定　　价｜88.00元

前　言

为什么大部分企业的发展做不到一帆风顺？

为什么在同样的管理模式下企业的利润却连年下降？

为什么企业的规模不断扩大而盈利却在减少？

为什么企业的账面上有钱现实中却无米可炊？

为什么企业筹集到了很多资金却没有起到正面作用？

由吉林画报社出版的专为老板服务的杂志《老板》给出的答案是："部分企业管理者在财务管理活动中，重使用价值实物管理，轻价值综合管理；重生产成本管理，轻资金成本控制；重当期收益，轻风险控制；重事后分析，轻事前预防等，这造成了企业财务管理无章、无序，给财务工作埋下了隐患。"

其实，归根结底，导致企业出现以上问题的原因是企业老板不懂财务利润管控，没有吃透财务，因此无法生出利润。

本书通过对财务管控的知识、技能、方法等进行解读，为企业管理者对企业资金的筹集、使用以及分配等指出一条明确的、有效的管理途径。

通过阅读本书，企业管理者可以充分认识到做好财务管控需要事前预算，更需要做好事后分析。例如，本书对财务事前预算如何进行数据、信息的采集，以及分析与编制，提出了有效措施。同时对于如何做好财务活动执行情况的监督与考核制定了内外部审计机制，尤其是对事后如何分析提出了相应的方法。

通过阅读本书，企业管理者可以全面了解做好财务管控需要信息共享，更需要做好财务创新。信息不对称将严重影响企业资金的使用情况，降低资金使用率，而且通过会计报表反映的也将是错误的、延时的、没有结合实际的信息，这必将误导企业做出错误的战略决策。这就要求企业需要创新财务管理模式，实现信息共享，提高财务管控质量和效率。

通过阅读本书，企业管理者可以学到做好财务管控需要财务架构，更需要合理、科学、健全的组织机构。例如，书中针对如何构建专业的财务结构做了详细介绍，并针对大部分企业财务结构的问题所在进行了分析。

通过阅读本书，企业管理者可以切实触摸做好财务管控需要财务体系，更需要做好财务风险管控。一旦企业缺乏财务体系，权责不清晰、执行不到位，财务活动中的风险便会随之增加，偷税漏税、账目造假等问题将层出不穷。

总之，本书致力于让企业管理者，包括企业老板、股东、高管等，通过对财务利润管控的进一步认知，意识到企业想要持续发展、想要长期盈利、想要稳定收入，应该追求企业价值的最大化，而不是重点关注账面利润是否最大化；应该将财务管控提升到企业管理的核心地位，而不是简单地节约成本，减少支出。

同时，本书用大量图表对内容进行了概况性总结，有助于读者进一步理解与实践。笔者相信每一个读者读完本书都可以做到学以致用，这也是笔者的初衷——写出一本理论简单易懂、方法灵活易学、操作务实易用的书籍。

当然，犹如世界上不存在完美的事物一样，本书也必然存有缺陷，还望读者朋友批评指正。

目录

第一章

把蛋糕卖给谁

——财务管控概述

什么是财务管控

财务管控是指结合企业的整体发展目标，对企业的投资、融资、现金流量、利润分配等财务活动进行计划、决策、控制、考核与监督。

从世界范围来看，财务管控作为企业管理的组成部分之一，已经走过几个世纪的发展历程。

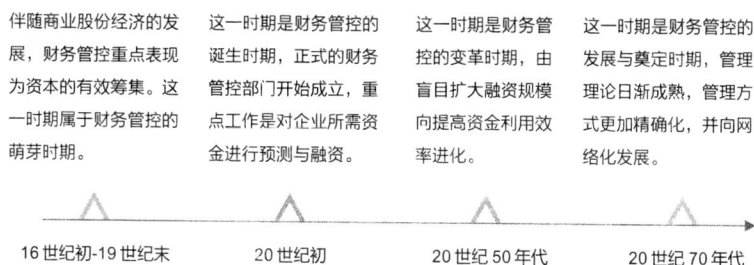

伴随商业股份经济的发展，财务管控重点表现为资本的有效筹集。这一时期属于财务管控的萌芽时期。

这一时期是财务管控的诞生时期，正式的财务管控部门开始成立，重点工作是对企业所需资金进行预测与融资。

这一时期是财务管控的变革时期，由盲目扩大融资规模向提高资金利用效率进化。

这一时期是财务管控的发展与奠定时期，管理理论日渐成熟，管理方式更加精确化，并向网络化发展。

| 16世纪初-19世纪末 | 20世纪初 | 20世纪50年代 | 20世纪70年代 |

图1-1　财务管控的发展历程

图1-1相当于一幅描述近5个世纪财务管控进化史的画卷，

将财务管控的本质以时间轴绘出，包括资产的购置，资本的融通和经营中资金的预测、利用效率的提高等都在之列，而且这一幅卷轴背后有四条金线：财务管控走向国际化，财务管控走向精确化，财务管控走向电算化，财务管控走向网络化。

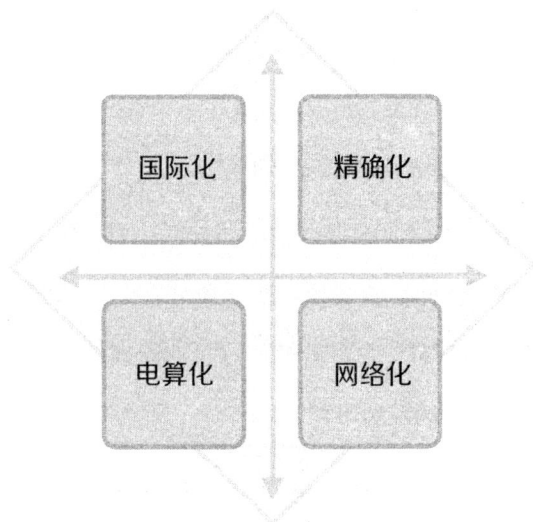

图1-2　财务管控的进化

由此可见，财务管控的历史发展变迁，对于企业的要求也在不断提升，尤其是进入21世纪以后，不能再单纯地将财务管控看作是融资的组织机构，而是要建立科学的现代企业制度，构建合理的企业财务治理结构，使企业的财务主体可以快速且有效适应新环境、新趋势。

　　这就要求企业老板必须清晰了解财务管控的四个主要特性，进而根据财经法规制度，按照财务管理的原则，组织企业财务活动，处理财务关系。

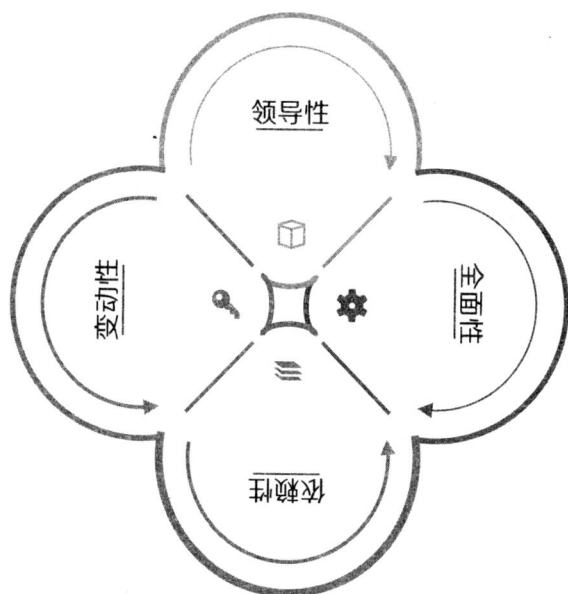

图1-3　财务管控的四大特性

1.领导性

　　财务管控是否只是一个部门？当你把财务管控当成一个独立的部门时，它就变成了成本中心，而且财务管控的构成也绝不是杂乱无章的。财务管控可以引导企业发现最大的商业机会，管理企业中的核心资产。所以，从这个意义上来说，财务管控在企业的管理过程中，尤其是对于企业未来的发展战略计划，起到的是引领方向的作用。

2.全面性

由于财务管控受到多方面的环境和复杂因素的影响，比如经济趋势、技术能力、文化素养、政治决策、社会责任等，任何一方面或者任何一个因素都对财务管控有着制约性影响。所以，必须对这些影响财务管理活动的因素做出全面、综合地分析，才能科学、有效地进行财务管控。

3.依赖性

如果将财务管控的构成部分进行细分，各部分之间是一种具有强烈性的相互制约、相互依存的关系。例如，客户账期延长，就会影响企业的现金流，进而会影响企业的投资效率和方向。而这种连锁性质的反应，最终将影响企业财务管控活动的组织与实施。

4.风险性

这一特性可以具体到财务管控的细节当中，比如原材料的采购价格发生变化，将直接导致企业的成本和利润发生变化，而且这种变化性是确定的，是由变动的因素决定的。如果变动因素是利好的，则会产生有利影响；相反，则会产生负面影响。然而，变动因素往往是无法确定的，所以财务管控过程中所做出的决策通常也带有风险性。这就要求企业老板在追求利益最大化的同时，充分考虑并结合变动因素的约束条件，合理防范风险，从而保障利益的稳定性。

一旦企业老板将财务管控的这些特性充分掌握，并因此制定科学、合理的财务管控措施，将会使企业受益无穷。

持续性开源　　　　　　　　　最大化节流

图1-4　财务管控的核心作用

1.持续性开源

判断一个企业是否可以持续发展的标准，不是看其规模有多大，而是看其是否可以不断找到新的利润增长点，实现长期稳定的经济增长。而企业实现持续性盈利的前提是制定有效的发展战略，做出正确的投资决策；但想要战略有效和决策正确，必须以财务管控为核心和依据。如果制定的发展战略和投资决策均以经济效益作为标尺进行衡量，最终可以实现产出大于投入的结果，则可以判定战略的有效性和决策的正确性。

2.最大化节流

通过财务管控的预测管理，即对企业资金的来源与使用进行全面预算，包括采购预算、生产预算、营销预算、成本预算等，可以将企业资金利用率最大化，减少不必要的开支和预防浪费，有利于实现企业的目标利润。

与此同时，通过财务管控可以实现对企业各生产环节、各经营活动、各工作部门的实时监督，有效反映企业的人力、物力和财力的使用情况，促使各生产环节、各经营活动、各工作部门在物资的使用、分配等方面做到合理化、科学化，降低消耗，节约成本。

总而言之，财务管控的本质其实就是对企业的财务活动进行有序组织，让企业的财务关系更加协调与融洽，最终实现企业利润和所有者权益的最大化。

当然，对于这个从16世纪初就开始发展的概念，其背后的原理、作用等的精确性和实用性是毋庸置疑的，但随着环境的改变，这种旧概念的传播性可能也会打折扣。或许因为它不够"性感"，很多人并不想弄明白这种陈旧的概念，并且不断用一些新词来替代它，比如"财商"。其实，无论财务管控的概念如何变化，最终都将无一例外地过渡到其本质上去。

财务管控的主要内容

法国管理实践家、管理学家亨利·法约尔曾在其著作《工业管理与一般管理》一书中提出了关于管理的五项职能，包括实行计划、组织、指挥、控制和协调，并对这五项职能做出了详细阐述："计划就是探索未来，制定行动计划，必须具有统一性、持续性、灵活性、精确性的特征；组织就是建立企业的物质组织和社会组织，使其同企业的目标、资源和需要相适合；指挥就是使每个人都履行其所负的职责，做出最好的贡献，从而使整个社会组织发挥出应有的作用；协调就是统一和调和企业各部门以及各个职工的活动，使所有工作都能和谐地进行；控制就是核实计划落实情况，以便发现缺点、采取措施、加以纠正，以使实际活动与计划活动保持一致。"

如果依据亨利·法约尔对于管理职能的定义，财务管控作为企业管理中的重要组成部分，其所发挥的作用和承担的职责不是放大企业的账面利润，而是追求企业价值的最大化。

具体而言，财务管控的主要职能包括以下几方面：

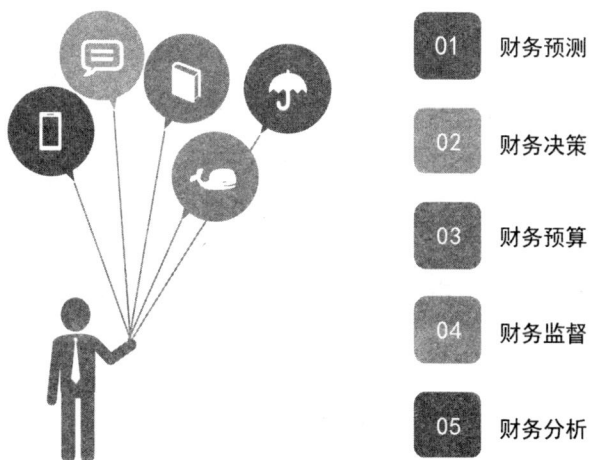

图1-5　财务管控的主要职能

1.财务预测

任何企业的财务管控都脱离不了企业的生产经营活动，所以财务预测也是基于生成经营目标进行科学的预计和测算，包括投资预测、融资预测、成本预测、销售预测、收入预测等，从而制定财务目标。

2.财务决策

财务决策是一个复杂的思维操作过程，需要企业老板通过搜集大量信息和数据，并进行详细、全面的分析判断，从提高经济效益、获取最大利润的目标出发，对企业投融资、成本管理、资金利用、利润分配等做出最佳决策。

3.财务预算

财务预算是对财务预测与财务决策活动的进一步规划，是将财务预测与财务决策制定的停留在纸面上的目标进行落地实施，让财务活动可以有序开展，使财务目标可以更容易实现。

通俗来说，财务预算是将财务预测与财务决策所制定的大目标进行分解，划分为一个个小目标、小计划，比如投融资目标、成本控制目标、利润收入目标等。通过实现每个小目标，从而实现大的企业财务利润管控的目标。

4.财务监督

财务监督主要是对财务预算以及财务活动过程中制定的每个目标，依据相关财务制度和国家的财经法规进行实时监督，包括查找问题、分析原因、得出结论、提出解决方法（方案），使错误的财务行为或者偏离目标的财务活动第一时间得到纠正，免遭法律制裁的同时，保证企业财务目标的实现。

5.财务分析

企业的最终财务目标实现后，结果不一定全部理想，这就需要依据实际的财务数据等，对企业的财务活动、财务关系等进行系统性地解剖。这一过程就是财务分析，但最终目的不仅仅是为了通过分析问题提出改进措施，更重要的是将企业财务活动过程中未发挥出来的力量进行更充分地挖掘。

通过对财务管控的主要职能的分析，我们可以得出一个结论，即财务管控不是简单地通过控制费用的支出与收入，从而达到降低成本的目的；而是要综合各个与财务相关的财务活动、财务关系，使企业发展得到更好的效果。

基于此，我们可以将财务管控的主要内容进行总结与归纳，即无论是哪种财务活动的组织，以及何种财务关系的协调，都基于资金的筹集、投放、营运与分配。

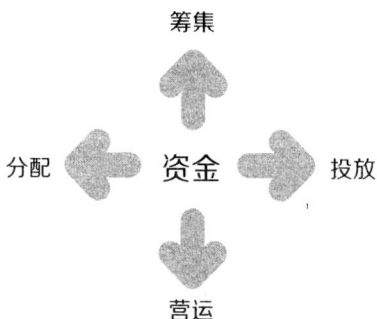

图1-6　财务管控的主要内容

1.融资

对于资金的筹集，很多企业老板并不陌生，其实就是我们经常所说的"融资"。融资是企业可以正常运行的基础保障。如果一个企业没有资金的支撑，就犹如一个没有饭吃的人，很难继续生存下去，更谈不上发展与壮大。筹集资金就是通过适当的途径和方式，比如银行贷款、发行股票等，为企业注入充足的资金。

2.投资

企业融资的目的是什么？为了企业的持续发展。企业要持续发展就离不开投资，即把筹集到的资金投到合适的项目中，或者财务活动中，让资金发挥其应有的价值，实现企业既定的财务目标。可以说，投资是为既定财务目标服务的，是财务管控的一种途径和手段。

3.控资

控资主要是对投资行为的进一步掌控，比如对某一项目或者生产经营活动进行投资后，成本如何收回、利润如何保障、风险如何控制等。对于企业资金的控制或者营运，一般来说需要做到三个标准：安全第一、持续流通、利益最大化。

4.分资

可以说，分资是财务管控的最终归宿，同时也是下一轮财务管控的开始。因为经过融资、投资、控资之后的资金收入，或者说是企业利润，需要按照相关约定或者一定的比例进行合理分配，才能起到财务激励性作用。而且，财务分配也可以看作是变相融资，当企业资金处于正向增长时，就需要继续投资、控资，最终再分资。

财务管控的主要内容从本质上说，是一个永远不会停止的循环系统，但需要注意的是，财务管控并不是以牺牲企业其他管理工作为代价，而是需要各个部门相互协作，才能保证财务管控得以正常组织与开展。

财务管控的核心目标

我们在上面的内容中曾讲，财务管控追求的是企业价值最大化，那么这是不是财务管控的核心目标呢？

在回答这个问题之前，我们不妨先看下财务管控核心目标的定义以及所起到的作用有哪些。

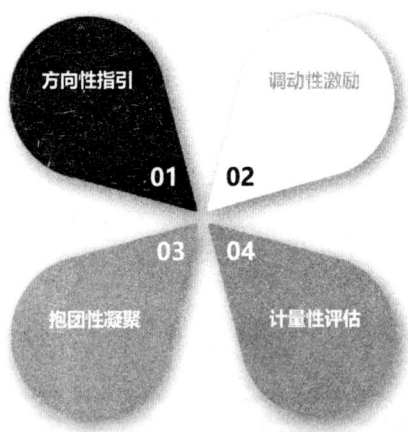

图1-7　财务管控核心目标的作用

财务管控的核心目标是指企业通过组织财务活动以及协调财务关系所需要达到的核心目的，是企业财务利润管控的方向性指引。

1.方向性指引

明确了财务管控的核心目标，使企业财务活动的组织以及财务关系的协调有了参考，为如何组织和协调指引了方向，避免了走弯路的同时减少了人力、物力、财力的盲目投入。

2.调动性激励

财务管控核心目标的确定，可以让企业各个部门的人员明确自己的所得。正所谓"人为财死鸟为食亡"，当每个员工知道自己通过努力可以获得多少利益时，他们就会更加努力，甚至不会再出现过多抱怨的情形，将充分调动他们的主观能动性。

3.抱团性凝聚

财务管控核心目标的确立，可以说是对企业各种力量的收拢，它让企业全体员工有了清晰的努力方向。这种付出是有收获的，所以大家更愿意抱团协作，凝聚每个人的力量去实现核心目标。

4.计量性评估

由于财务管控的核心目标是以经济指标进行分解并组织财务活动，所以可操作性比较强。也就是说，对企业的各个阶段的财务活动都可以实现控制和计量，完全可以当作企业各个部门的业绩以及每个员工的绩效考核指标。

可以说，财务管控的核心目标是组织财务活动的起因，同时也是财务活动的结果，甚至可以作为对财务管控活动进行合理与否的判断标准。换句话说，如果没有明确的财务管控核心目标，一切财务活动都将是徒劳，就像失去灯塔的船只只能在黑夜的大海上盲目航行，迟迟找不到可供停靠的港湾。

然而，如果依据财务管控核心目标的作用进行倒推，我们不难发现将财务管控核心目标确立为实现企业价值最大化往往是片面性的。因此，企业老板必须依托市场经济体制对财务管控的潜在影响，并严格结合企业自身的实际情况，科学、合理地确定财务管控的核心目标。

于是，有人将财务管控的核心目标确定为利润最大化、股东财富最大化、财务关系价值最大化、企业价值最大化。乍一看，将财务管控的核心目标定位于此并没有错，而且比单纯地追求企业价值最大化更加全面，但这种定位也仅限于企业层面，有一定的局限性。

真正合理的、全面的财务管控核心目标，除了应该定位于利润最大化、股东财富最大化、财务关系价值最大化、企业价值最大化，还应该定位于社会价值最大化。

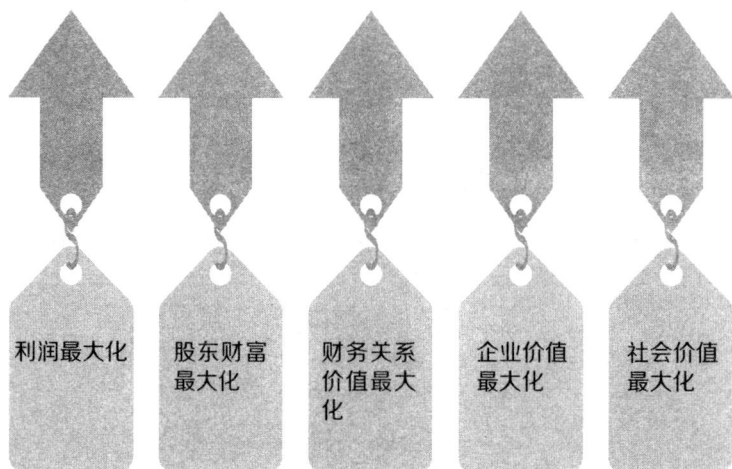

图1-8 财务管控核心目标

1.利润最大化

是否有利润是企业是否能够创造财富的直接体现。利润达到最大化，则说明企业的财务管控措施是有效的，也反映了企业将有更多的资金进行投资营运，企业持续发展与壮大拥有强大的后备力量。

2.股东财富最大化

股东是出资成立企业的主体，而他们之所以愿意出资是相信通过创办企业可以让资本发挥更大的价值，从而带来更多的收益。所以，股东财富最大化作为财务管控的核心目标，是企业发展的追求之一。

3.财务关系价值最大化

财务关系是指除了企业内部关联人员与机构外，还包括所有的外部关联人员与机构，比如债权人、消费者、政府和社会等。这种财务关系也是间接推动企业发展的潜在因素，如果切断了这种财务关系，企业的性质将从多边型走向单边型，将失去整合资源的基本条件。所以，追求财务关系价值最大化，有利于实现企业的整体财务目标。

4.企业价值最大化

虽然从"利润最大化"到"股东财富最大化"再到"财务关系价值最大化"，让财务管控的核心目标更加丰富、全面，但也存在缺点与风险，比如取得利润所付出的时间成本如何计算？股东财富最大化更多的是针对上市企业，那么非上市企业如何实现？

企业价值最大化就是通过最优的财务管控政策，有效弥补与规避利润最大化、股东财富最大化、财务关系价值最大化中存在的缺点和风险。企业价值最大化强调的是保障企业长期稳定发展，这就要求必须将风险降至最低，综合考虑与企业相关的所有相关利益主体，以及影响因素。

5.社会价值最大化

任何一家企业都需要承担社会责任，包括提供就业机会、参与环境保护等。所以企业财务管控的核心目标在追求企业持续发展的同时，必须做到推动社会同步发展，否则就犹如离开水的鱼，使企业的持续发展陷入困境，甚至被社会淘汰。

明确且合理的财务管控核心目标，是企业老板实现利润管控的前提，更是组织财务活动的"指南针"。

财务管控的基本原则

财务管控的基本原则是指在企业财务活动的组织和财务关系的协调过程中应该遵循的基本准则，具有一定的规律性、指导性、约束性、规范性。

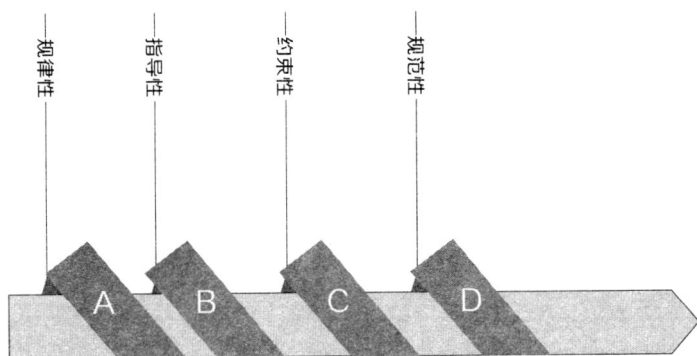

图1-9 财务管控基本原则的属性

也就是说，并不是随随便便制定一条或者几条行为规范就可以作为财务管控的基本原则，而是必须要结合财务管控基本原则的属性，对财务管控的基本原则做出严格要求。

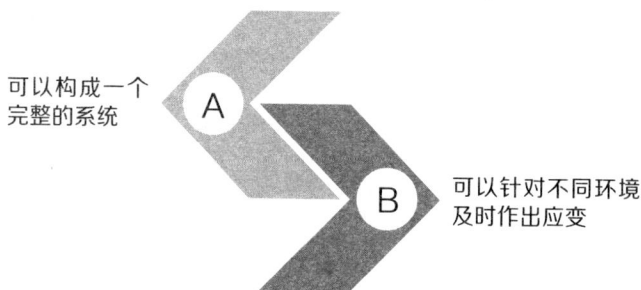

图1-10　财务管控基本原则的要求

1.可以构成一个完整的系统

因为财务管控的涉及面比较宽泛，所以不会只有一条基本准则，但是每条基本准则之间应该具有一定的联系，而且不冲突、不重复。每一条准则都应该拥有一个共同的作用，即为了实现财务管控的核心目标而存在。所以每条基本准则组合在一起应该可以构成一个完整的系统，能够将财务活动和财务关系的最终结果进行全面性地反映。

2.可以针对不同环境及时作出应变

财务管控基本原则作为财务活动的行动指南，需要结合财务管控的总体目标。但是在财务活动过程中，包括财务关系、财务指标、财务环境等因素往往不是一成不变的，所以不能采取固守模式来制定财务管控的基本原则。比如，金融全球化的发展在扩大了企业视野的同时，也对企业必须及时抓住机会提出了挑战。所以，为了适应迅速发展的现代社会经济，制定财务管控基本原则必须保持适当的弹性。

总而言之，财务管控的基本原则是实现财务管控目标的推手，应当对财务管控的具体事项作出针对性指导。

基于以上要求，财务管控的基本原则一般包含以下几方面：

投入—产出博弈原则

风险—收益平衡原则

客观—主观综合原则

会计利润—现金流量权衡原则

图1-11　财务管控的基本原则

1.投入—产出博弈原则

投入—产出博弈原则是指在组织财务活动时，将投入的成本与产出的效益进行对比，追求以更少的投入获得更多的效益，确保每一项财务活动的资金占用情况合理。在产出不变的情况下，适当降低成本，也可以视为增加效益。

2.风险—收益平衡原则

风险—收益平衡原则是每个企业老板都无法回避的一个原则。任何企业在经营发展过程中都会或多或少遇到一些风险，当然，风险有大风险与小风险之分，但无论是大风险还是小风险都是客观存在的，不会以企业老板的意志为转移。所以在开展财务管控时就要积极面对，及时采取有效方法将风险扼杀在萌芽状态；即使风险已经无法规避，也应该通过适当的手段进行化解，降低其对财务管控造成的负面影响。

从另一个层面来说，风险与收益往往是同时存在的，犹如一对孪生兄弟，风险越大收益则会越多，风险越小收益也会越少。这就要求寻找到风险与收益之间的一条平衡线，既不能为了规避风险而舍弃收益，也能为了收益而盲目提高风险，而要基于实现财务管控目标为前提，最大化降低风险提高收益。

3.会计利润—现金流量权衡原则

现金流量是指企业在投资某个项目或者开展某项经营活动时，从该项目或者该经营活动开始到结束期间，所发生的现金流出和现金流入的全部资金收付数量的总和。而会计利润是指将企业所有的成本开支项扣除后的收益。

对比现金流量与会计利润的概念不难发现，如果以会计利润进行财务决策则无法反映资金的流向，也就是资金的投入与产出无法得到更准确地计算，企业老板无法更全面地掌握投资收益情况。

同时，现金流量是评价企业价值的权威指标，能够充分说明企业的盈利质量，所以进行财务管控应该基于现金流量而非会计利润。

4.客观—主观综合原则

客观—主观综合原则是指针对市场经济规律、《企业财务通则》等客观存在的要求和准则，必须做到严格遵守；针对利益交易等主观意识层面的行为，也必须做到恪守信用。

将客观准则与主观行为进行综合，不仅可以保障企业的权益，也可以通过提高企业信誉放大企业价值，有利于实现企业财务管控目标。

财务管控目标想要"落地生根"以及财务活动想要有序开展，都离不开财务管控基本原则。如果将财务管控目标比作一颗大脑，将财务活动比作一双手，那么财务基本原则就是一双脚——听从大脑的指令，引领双手创造财富。

第二章

利润来自哪里

——财务管控能力

没有财务管控能力的老板不是好老板

　　《华为战略财务讲义》中曾引用过华为技术有限公司（以下简称"华为"）主要创始人兼总裁任正非的一段话："为什么我们的项目不能盈利？其实是我们的项目CEO根本没好好算过账，'财大马虎'，他的目的是给客户交付，没想过自己还有一个目的，就是要盈利。我们坚持'以客户为中心'，但是我们自己的利益要从我们有效的管理中产生。现在的管理不够有效，项目CEO不懂财务，项目CFO不懂业务。所以我们曾经要求一部分优秀的项目CFO到小项目中去做CEO，一部分大项目的CEO到小项目中去做项目CFO。项目CFO要懂业务，就好比如果项目CFO在周末去城市附近爬铁塔、装基站，哪怕他不会调试，能把螺丝钉拧上去，那么他也会比别人懂得多一些，他就有希望比别人晋升快一些；项目CEO也要学学财务，比如在这一段电缆中，用工是多少、预算是多少……这批人中，这次我签发破格提拔了三四百人，最高有破格提拔3级的。"

华为现在是什么规模？华为现在具有多大的影响力？

华为创立于1987年，是全球领先的ICT（信息与通信）基础设施和智能终端提供商，约有19.7万员工，业务遍及170多个国家和地区，服务全球30多亿人口。截至2020年年底，华为在全球600多个标准组织、产业联盟、开源社区、学术组织中，担任超过400个重要职位，如在3GPP、ETSI、IETF、IIC、IEEE SA、Linux基金会、CCSA、AII、TM Forum、WFA、WWRF、CNCF、OpenInfra（原OpenStack）、LFN、LFDL、IFAA、GP、CUVA、VRIF和BBF等组织担任董事会或执行委员会成员。华为企业市场合作伙伴数量超过30 000家，其中销售伙伴超过22 000家，解决方案伙伴超过1 600家，服务与运营伙伴超过5 400家，人才联盟伙伴超过1 600家，已参与全球超过3 000个创新项目实践，和运营商、合作伙伴一起在20多个行业签署了1 000多个5GtoB项目合同。

这一连串数字的背后意味着什么？意味着无论是华为的规模还是影响力都达到了国际水准。然而，就是这样一家"巨头"企业，就是这样一位拥有财富高达12亿美元的成功企业家，却依然保持着企业财务思维，居安思危。

扪心自问，同样作为老板的你，是否想让自己的企业盈利？

是否具有财务管控能力？要知道，一个不具备财务管控能力的老板，往往会因此导致诸多问题产生。

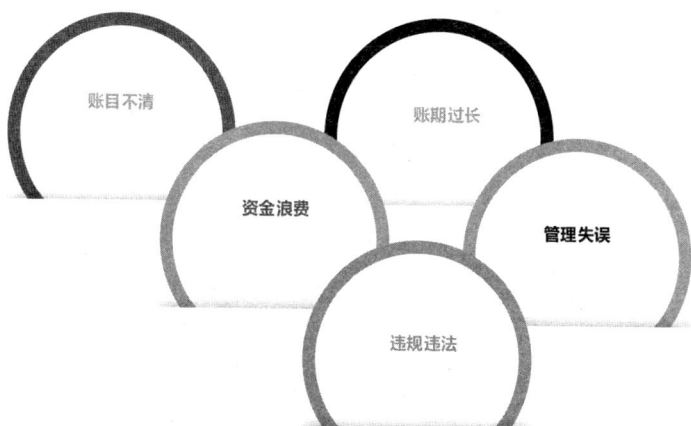

图2-1 老板缺乏财务管控能力带来的问题

1.账目不清

老板缺乏财务管控能力带来的第一个问题是导致企业账目不清，这也是企业老板缺乏财务管控能力的典型表现。可能很多老板知道自己的企业在盈利，但企业盈利多少，付出多少成本，却无从得知。这就会导致企业出现账目不清的问题，进而也会连带出一系列与财务相关的问题，比如无法按照既定比例进行分红，员工绩效无法清晰核算，甚至会严重影响企业薪酬制度与结构的设计和构建。

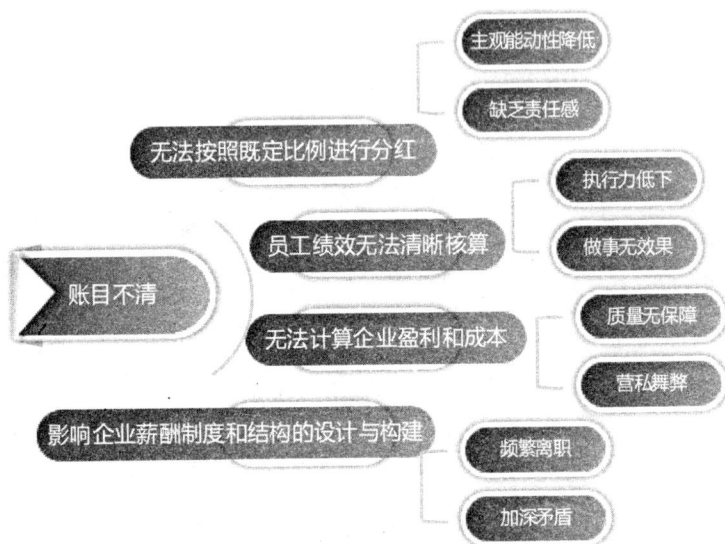

图2-2 账目不清导致的问题

从企业管理角度来说，由于老板缺乏财务管控能力导致的账目不清问题，将在很大程度上打击企业员工的积极性，通常表现为员工的主观能动性降低、缺乏责任感、执行力低下、做事无效果、质量无保障，甚至会出现营私舞弊、频繁离职或者加深矛盾。

2.账期过长

老板缺乏财务管控能力带来的第二个问题是延长账期，也就是无法及时处理应收账款。例如：一旦企业老板的财务管控能力较弱，将会导致本应该在1个月内收回的款项，可能会延长至半年甚至1年。由此可想而知，一旦账期过长，将严重限制企业的资金周转效率，也就是将会严重降低企业资金的使用效率。

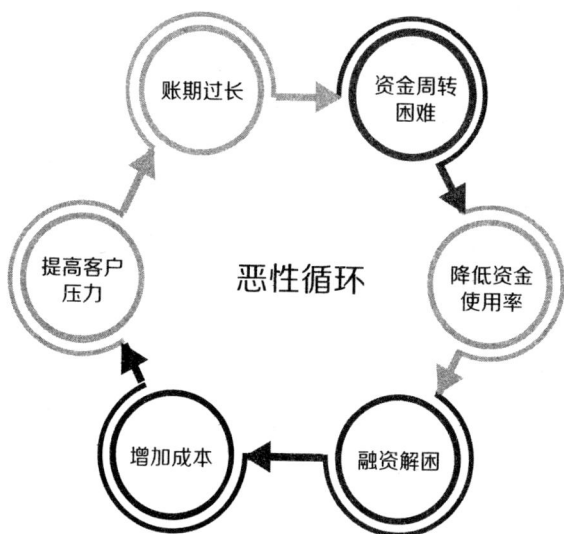

图2-3　账期过长导致的恶性循环

账期过长将对企业造成一种影响严重的"恶性循环"，比如延续上面内容中提到的资金使用率在长账期情况下将严重降低的情况，进而会导致企业资金紧张，企业不得不进行融资，继而提高企业生产和经营成本，从而不得不提高商品售价。当客户无力偿还时，又会陷入延长账期的局面。

3.资金浪费

老板缺乏财务管控能力带来的第三个问题是造成资金严重浪费，包括看得见的浪费和看不见的浪费。以制造型企业为例，如果老板不具备财务管控能力，将导致财务管控过程中无法关注到一些细节，一旦某个员工在某个生产环节中少了一颗螺丝钉或者多了一道划痕等，都将导致残次品率的提高。这就是看得见的生产成本的浪费。除此之外，采购部门或者某个采购员与供应商私下勾结，获取返利等看不见的行为，也是企业的一种资金浪费。

4.管理失误

老板缺乏财务管控能力带来的第四个问题是做出错误的管理决定。不具备财务管控能力的老板往往对于财务人员的"选、育、留、用"无法掌控，甚至不知道从何下手，缺少正确的管理方法和途径。如果企业老板因此为企业选用了不合适或者别有用心的财务人员，很可能对企业造成严重损失。

图2-4 管理失误导致的负面影响

与此同时，缺乏财务管控能力的企业老板对于财务预算也没有概念，他们往往依据自己的主观想法进行预算决策，具体表现为缺乏全面性、客观性、实际性、关联性。例如，有些企业老板在财务预算方面只针对某个项目做出了预算，却没有结合企业整体的发展战略，结果不仅会导致该项目的预算提高，也会影响企业的整体发展，成为企业持续发展的绊脚石。

5.违规违法

老板缺乏财务管控能力带来的第五个问题是非常容易违反法律法规的相关规定，做出违规违法行为，严重者还可能被判入狱。

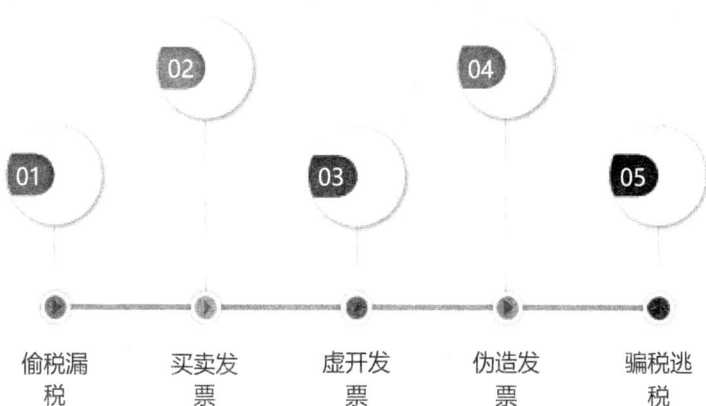

图2-5　违规违法的行为表现

根据最高人民法院《关于适用〈全国人民代表大会常务委员

会关于惩治虚开、伪造和非法出售增值税专用发票犯罪的决定〉的若干问题的解释》的规定："出售增值税专用发票25份以上或者票面额（百元版以每份100元、千元版以每份1 000元，万元版以每份1万元计算，以此类推。下同）累计10万元以上的应当依法定罪处罚，在没有新的司法解释前，本罪即以此为量刑起点。"

根据《刑法》第二百零一条规定："纳税人采取欺骗、隐瞒手段进行虚假纳税申报或者不申报，逃避缴纳税款数额较大并且占应纳税额百分之十以上的，处三年以下有期徒刑或者拘役，并处罚金；数额巨大并且占应纳税额百分之三十以上的，处三年以上七年以下有期徒刑，并处罚金。"

根据《税收征管法》第六十六条规定："有骗取出口退税行为的，由税务机关追缴其骗取的退税款，并处骗取税款一倍以上五倍以下的罚款；对骗取国家出口退税款的，税务机关可以在规定期间内停止为其办理出口退税。构成犯罪的，依法追究刑事责任。"

依据新《刑法》第二百零四条的规定："犯骗取出口退税罪的，处5年以下有期徒刑或者拘役，并处骗取税款一倍以上五倍以下罚金；骗取国家出口退税数额巨大或者有其他严重情节的，处5年以上10年以下有期徒刑，并处骗取税款一倍以上五倍以下罚金；数额特别巨大或者有其他特别严重情节的，处10年以上有期徒刑或者无期徒刑,并处骗取税款一倍以上五倍以下罚金或者没收财产。纳税人缴纳税款后,骗取所缴纳的税款的,按照偷税(逃避缴纳税款)行为定罪处罚;骗取税款超过所缴纳的税款部分,依照骗取国家出口退税的规定处罚。

单位犯骗取出口退税罪的,对单位判处罚金,并对其直接负责的主管人员和其他直接责任人员依照自然人犯骗取出口退税罪处罚。"

从某种角度来说,没有财务管控能力的老板不是好老板,因为这不仅会因此带来诸多问题,也会导致企业遭受巨大损失。所以,从企业发展角度而言,也要求企业老板必须具备应有的财务管控能力。

要知道,老板的财务管控能力必须与企业的发展速度、规模相匹配。任何一家成功的企业,任何一个成功的老板,都懂得在企业的不同发展阶段,应该采用不同的财务手段,才能在财务管控方面更加游刃有余。

例如,当企业处于初创阶段时,老板的重心可能会放在"搭班子、定战略、带队伍"方面,有时候也会更加关注产品的生产、质量与销售;但是随着企业的不断发展,尤其是当企业壮大到一定规模时,老板应该将财务问题作为重中之重。这时,财务管控将成为企业管理的核心,决定着营销、采购、人力资源、生产等诸多环节。

所以，对于任何一个企业来说，如果老板不具备财务管控能力，缺乏财务管控意识，缺少财务管控思维，则会导致企业的整个管理系统崩溃，那么该企业走向衰亡也只是时间早晚的问题。

树立财务战略大局观

图2-6　财务战略大局观的广义与狭义之分

狭义的财务战略大局观是指企业老板应该紧密结合企业自身所处的发展阶段，清晰了解企业所拥有的资源有哪些，自身隐藏的风险和存在的问题有哪些，以此为依据综合考虑企业现阶段的发展情况以及未来的发展情况，从而构建一套科学合理的财务管控体系。

换句话说，树立狭义的财务战略大局观，不是要求企业老板简单地复制粘贴某个财务管理制度，也不是空降一位财务管控专家或者聘请一支财务管控团队，更不是简单地组建一个财务管控部门。

试想，即便一个企业制定了完善的财务制度，高薪外聘了某个财务管控专家或者某支财务管控团队，甚至配备了专业的财务管控部门，但是老板没有财务管控意识，没有财务战略的指引，这些制度以及专家、部门，难道不是形同虚设吗？在这样的环境下，财务管控目标如何实现？财务管控决策如何实施？财务管控流程如何落地？

如果这些问题得不到解决，又会延伸出一连串的问题，比如财务管控工作不到位，账目记录混乱，偷税逃税现象严重，投资决策盲目、融资成本增加、内部财务控制无力等。究其原因，无不是企业老板对于财务战略大局观不了解、不重视，以错误的战略大局观指导财务管理导致的结果。

广义的财务战略大局观是指企业老板不仅要结合狭义的财务战略大局观，认真分析企业的财务管控环境，基于企业的整体发展战略对企业的财务活动进行全局性谋划，而且应该服务于企业的相关利益主体，即站在社会公众、环境保护的角度，从企业社会责任层面进行长远性谋划。

从广义的财务战略大局观来说，可以提高企业自身的竞争力，放大企业的竞争优势，稳固企业的领先地位，甚至有助于企业制定全局性财务战略的决策、进行长期性的财务活动实施与控制、开拓创新性的财务管控计量与评价体系。

无论是狭义的财务战略大局观，还是广义的财务战略大局观，都需要服务并服从于企业大的发展战略，所以必须符合以下几点特性。

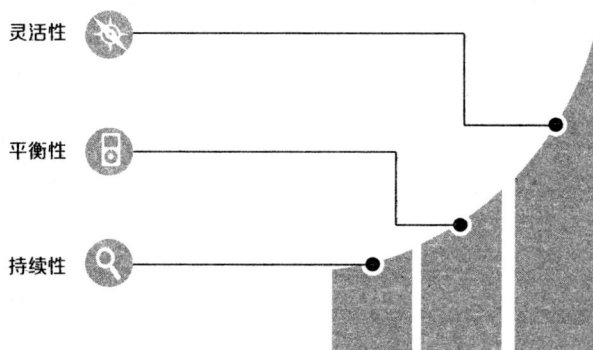

图2-7　财务战略大局观的特性

1.灵活性

树立财务战略大局观往往要结合市场环境的外部因素，而外部因素不仅是企业老板无法控制的，甚至会随着社会的发展不断变化。这就要求企业老板不能固化财务战略大局观念和思想，应该培养灵活的思维模式，随环境变化及时做出调整措施。

2.平衡性

树立财务战略大局观的本质是平衡企业内外部环境与企业经

营战略的关系，既要实时掌握内外部环境为实施企业战略提供的发展机遇，也要第一时间规避内外部环境在实施企业战略过程中带来的风险。

3.持续性

树立财务战略大局观不是要制定几个月的目标或者一两年的目标，而是要脱离这种短暂性、一时性的束缚，制定可持续发展的财务战略，从时间角度来说至少是3至5年，甚至是5至10年。

财务战略大局观既是企业战略管理的一个不可或缺的组成部分，也是企业财务管控的一个十分重要的方面。因此，树立财务战略大局观是将企业战略管理的原则要求与企业应该遵循的财务活动基本规律进行结合与统一。

可以说，财务战略大局观是多种财务管控理念、思想、意识的集合。换句话说，树立财务战略大局观，不是要求企业老板仅树立某一种财务管控观念，必须同时树立多种观念，才能形成大局观，否则只是局部观、片面观。

图2-8　财务战略大局观的内容

1.树立数字化财务管控观念

数字化是一种客观的体现，不以人的意志为转移，可以起到公平、公正的作用。在企业不断发展壮大过程中，通过报表、数据等进行财务管控，可以让企业做出更具体、清晰，以及更容易实现的战略决策。

2.树立人本化财务管控观念

任何企业都是通过人创立创建的，而且企业中的任何财务活动也是由人组织的活动，尤其是企业的财务关系更是以人为主体进行操作和管理，所以财务管控的结果是由人是否忠诚、是否努力、是否有智慧、是否敬业等决定。想要处理好企业的财务关系，就要协调好以人为本的关系本质，通过实现人的价值，进而实现企业的价值。

3.树立共享化财务管控观念

单打独斗的时代早已成为过去时，彼此协作、资源共享才是企业发展的正途。这一观念在企业发展资金遇到瓶颈时往往可以起到"救命"的作用，如果能够灵活地处理和协调与其他企业之间的合作伙伴关系，通常可以在本企业进行融资的时候得到合作企业伸出的援助之手，让彼此的经济利益都可以得到提升。

一个优秀的企业家一定在财务战略方面有着更大的格局观。因为企业规模越大就越需要企业老板树立大的财务战略观念，否则企业在财务管控这条道路上难以走远。所以我们会发现很多时候，一个企业的生死存亡其实完全取决于企业老板树立了什么样的观念；甚至一个企业的财务管控是否科学或者系统，也是完全取决于企业老板拥有什么样的财务思维。

如果一个企业的老板依然固执地认为，一个企业的财务管控工作能否做好完全掌握在企业财务部门的手中，仅由财务部人员能力的高低而决定，那么企业财务管控工作必然无法做好，企业也必然没有利润。

财务管控的五大能力

一个企业就像一辆汽车，企业老板就相当于这辆汽车的方向盘。老板控制着企业的发展方向，相当于方向盘控制着汽车的方向。企业只有方向盘是远远不够的，还要有生产线以及产品，这相当于这辆汽车的发动机。营销与采购就相当于这辆汽车的燃料，是这辆汽车运行下去的保障。

而这辆汽车最终能否行驶，还取决于其有没有轮胎。也就是说，当这辆汽车真正想要上路行驶的时候，老板往往会发现这辆汽车还缺少一个重要的组成部分，即财务管控能力。财务管控能力就相当于这辆汽车的轮胎。

只要有了轮胎，这辆汽车就能迅速地向前行驶。而轮胎是服从于方向盘的，是方向盘唯一可以掌控的，这就要求企业老板具备财务管控的能力。

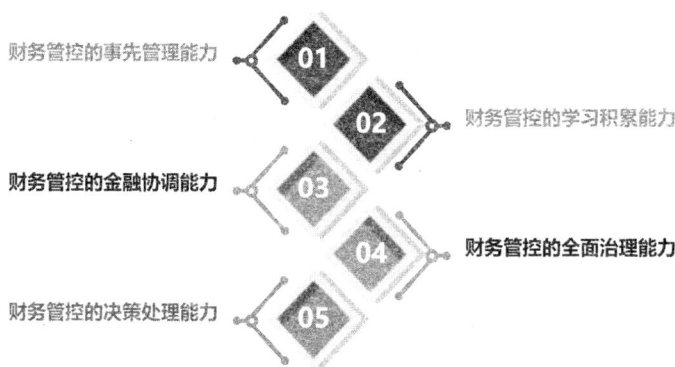

图2-9 财务管控的五大能力

1.财务管控的事先管理能力

传统意义上的财务管控多发生在财务活动之后，属于一种典型的事后管理。从业务处理层面来说主要集中于普通财务人员的工作范畴，包括收集、分析、整理财务数据，并通过完整与真实的数据反映出来的信息，进行记账、报税、做报表等。

对于企业老板来说，仅仅掌握或者了解这些基础的事后管理能力是远远不够的，必须掌握财务管控的事先管理能力，将财务管控活动中可能会出现的一切风险或者问题能够有效阻止于活动开始之前，也就是要做好充分的事前预判工作。具体而言，企业老板所掌握的事先管理能力主要是基于企业战略层面的问题，包括企业的价值管理、企业的内部财务管控、企业的外部财务风险管控、企业的并购与重组、企业的投融资管理等。

从某种意义上来说，财务管控的事先管理能力起到的是一种强大的引领作用。这种引领不仅仅是我们平常所理解的带领团队提高质量、提高效率、提高执行力、提高忠诚度等，更重要的是从财务管控的角度出发，指引企业在缺少资金的时候，应该通过什么方式或途径进行融资更有利于企业发展，更有利于公司增值，从而实现财务业绩最大化。

2.财务管控的学习积累能力

对于财务管控知识，尤其是新知识、新技能的学习与激励的能力，是企业老板全面掌握财务管控能力的基础。在上面的内容中我们已经得知，财务管控的外部环境随时都有可能发生变化，企业始终处于一种动态性的市场环境中。如果企业老板不思进取，甚至故步自封，那么就无法及时、灵活地适应外部环境的变化。

而想要做到以变应变，就需要企业老板拥有强大的学习能力，在财务管控过程中学习如何优化财务活动，学习如何改进财务组织结构，学习如何协调财务关系，学习如何进行财务数据分析等。与此同时，企业老板也必须清楚学习这些知识和技能并不是最终的目的，因为学习和积累的目的是为了更好地运用于企业的财务管控活动中，所以要做到"干中学，学中用"。

3.财务管控的金融协调能力

众所周知，财务管控过程中有一项重要的工作事项，即财务关系的处理与协调，主要是基于企业的外部关系的构建，包括客户、供应商、税务机构、金融机构等。其中，对于企业老板来说重点应该掌握的是财务管控的金融协调能力，也就是主要针对金融机构要建立良好的合作关系。

要知道，一旦与金融机构形成稳定的、可持续的合作关系，则意味着企业在资金方面的需求会得到有效解决。以企业融资为例，如果有良好的合作关系为基础，那么融资的时间、成本都会大大降低，融资规模也会有效满足企业需求；以企业投资为例，如果企业有充足的资金想要寻找更好的项目，那么金融机构也会对企业投资起到锦上添花的作用。

然而，想要与金融机构建立这种稳定的合作关系，必须以彼此信任为基础，这就需要企业老板对自身有充分的了解，比如企业应该组织什么样的财务活动。同时，需要企业老板对金融机构有充分的了解，比如想要合作的金融机构的实力、信誉等情况。更为重要的是，要让金融机构对自己以及自己所在的企业有充分的了解，比如企业的资本结构、市场竞争力、品牌信誉等。可以说，金融协调能力是企业老板与金融机构共同努力的结果表现。

4.财务管控的全面治理能力

财务管控在企业整体管理过程中有着牵一发而动全身的作用，这就要求企业老板必须掌握全面治理能力，不能够厚此薄彼，或者亲战略而疏生产等。全面治理是要求将财务管控活动在企业生产与经营的过程中进行全覆盖、全包围，应该涉及企业的各个层次、各个部门、各个人员、各个岗位。

实践证明，很多企业财务管控活动的失败，甚至是企业整体的衰亡，根本原因就在于不懂得财务管控需要进行全面治理，更不懂得只有财务管控才能实现从企业的全局角度进行治理。

5.财务管控的决策处理能力

企业老板作为决策者自然应该拥有决策处理能力，但是对于财务管控的决策处理能力则需要企业老板通过对相关信息的处理，才能做出最终的决策，否则往往会使决策陷入盲目的境地。

也就是说，企业老板应该从之前的财务信息的阅读者转变为财务信息的分析者，并将财务信息分析的结果转化为做决策的依据，最终通过组织财务活动将决策提供、分享于财务活动的实施者，用行动实现信息的价值。

其实，除了上述企业老板应该掌握的五大财务管控能力之外，企业老板也需要同时掌握良好的沟通能力。这是因为在企业进行融资等财务活动时，都需要企业老板通过具有说服力的沟通交流，尤其是带有感染性的演讲，不仅能够打动投资者，还能一改人们传统印象中财务工作者不苟言笑的印象，提高融资成功率。

总而言之，基于企业财务内外部环境因素的要求，企业老板应该成为一个复合型财务管控者，集多种财务管控能力于一身。

财务管控能力的培养与提升

　　财务管控能力的高低直接关系到财务管控决策的正确与否，而财务管控决策是否正确又决定了财务管控活动是否有成效。所以，如果企业老板不注重财务管控能力的培养与提升，会使财务活动降低成效的可能性大大增加。

　　为防止这种风险，企业老板应充分考虑影响财务管控能力的各种因素，应该基于企业财务能力、主要管理职责、财务管理的主要流程等，从多个角度进行财务管控能力的培养和提升。

　　但对于任何一个企业老板来说，真正应该关心的是如何切实提高财务管控能力，并将其应用到实际中，构建一套实用、科学，同时又能结合现代企业管理实际的财务管控能力体系。

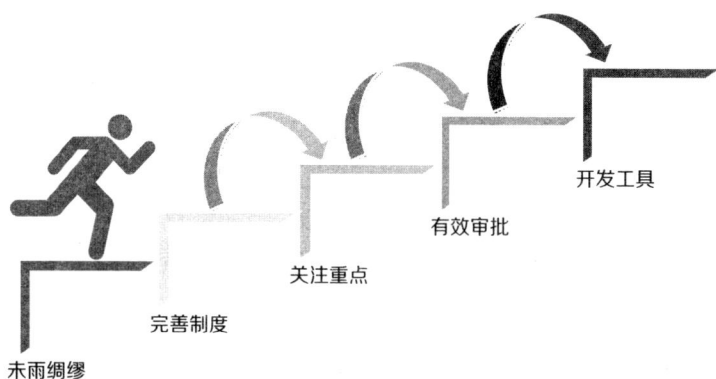

图2-10　培养与提升财务管控能力的要素

1.培养与提升财务管控能力的第一个要素是：未雨绸缪

正所谓"兵马未动，粮草先行"，但这里的"粮草"不是指资金、设备等资源，而是指企业老板的头脑应该率先转动起来，用一种未雨绸缪的思维对企业进行财务战略规划。从财务管控的角度对企业的成本控制、费用结算、投资融资、利润把控等做好预测工作，为企业持续发展做好资金准备工作，确保各项财务活动可以顺利组织与实施。

2.培养与提升财务管控能力的第二个要素是：完善制度

如果想要衡量一个企业老板的财务管控能力是否强大，完全可以通过这家企业是否具有完善的财务管控制度进行评估。虽然很多企业都制定了各种财务规章制度，但是更多的是一种摆设，没有任何约束作用，所以只有健全财务管控制度，使其具有指导作用、约束作用，才可以提高参与财务活动人员的执行力，并确保企业合法经营。

3.培养与提升财务管控能力的第三个要素是：关注重点

什么是财务管控的重点？对于大多数企业来说，通常需要通过管理资金资产、会计核算预算、财务记账报税、资金筹集投资等实现财务管控，有些企业还需要通过货款的赊销、产品的库存等进行财务管控。这些要素都可以看作是财务管控的重点关注对象，也是体现企业老板财务管控能力水平的重要载体。

4.培养与提升财务管控能力的第四个要素是：有效审批

对于资金使用情况的审批在不同企业中存在着不同的模式，有的企业需要经过层层流程，经由多个人进行审批，而且资金需要流经多个部门才能实现最终的使用结果。这就会导致资金的使用率降低，甚至在这种庞杂的流程中会出现克扣资金的现象。所以，企业老板能否提高资金的使用率，能否简化资金的审批流程，尤其是能否优化重要资金的审批制度，能否将每一笔资金都用在合适的项目中，在一定程度上反映了企业老板的财务管控能力。

5.培养与提升财务管控能力的第五个要素是：开发工具

如果一个企业老板在财务管控过程中对于每一件事项都要亲力亲为，不懂得借力使力，则意味着这个企业老板不懂得如何提升自己的财务管控能力。当企业的财务管控环境越来越趋向精细、复杂、多样的时候，企业老板必须具备更高的财务管控能力才能适应。这就要求企业老板只有通过不同的管理手段、管理方法、管理工具，方能顺利实现财务管控的战略目标。

从财务管控实践的角度出发，企业老板不仅需要拥有财务管控能力，更需要不断提升这种能力，而且应该从有了财务管控意识开始，到财务管控活动落地实施的整个过程中，都要及时地抓住每一次提升自身财务管控能力的机遇。

第三章

莫为他人作嫁衣

——财务结构分析

了解企业财务结构的影响因素

　　企业的财务结构不是指企业的资金结构，而是与资金结构紧密联系，由货币资金、短期投资、应收票据、应收股利、应收利息、应收账款、预付账款、应收补贴款、其他应收款、存货、待摊费用、一年内到期的长期债券投资、其他流动资产、长期股权投资、长期债权投资、工程物资、在建工程、无形资产、长期待摊费用、其他长期资产、负债及权益等构成的企业全部资产。

　　基于企业全部资产构成部分多与广的特性来说，企业财务结构也不是单指某一种结构，而是多种结构的结合体，如股本结构、资产负债结构、流动资产与流动负债结构、流动资产内部结构、长期资产内部结构、长期资产与长期资本的结构、负债与所有者权益的结构、负债内部结构、股东权益内部结构等。

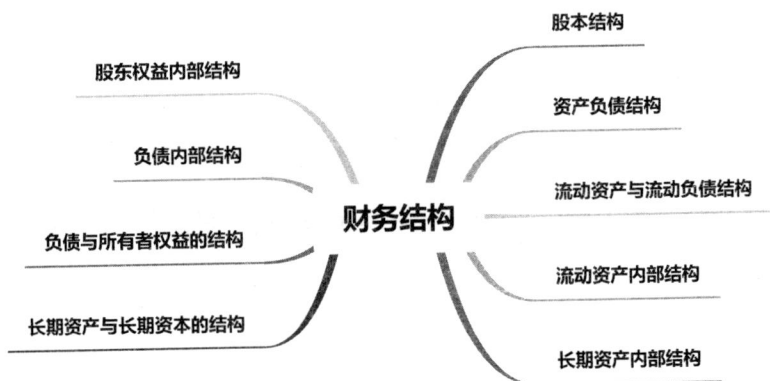

图3-1　财务结构内容

　　通过对企业财务结构的了解与分析，有助于企业老板依据账簿和会计报表中有关数字之间存在的可相互考察、核对的关系合理匹配企业的资本结构，协调企业经营与财务之间的潜在风险，并对企业的未来融资需求做出正确的战略决策，甚至可以正确评估各种不同收益对净利润的贡献大小和耗蚀程度，从而控制现金流量。

　　我们相信对企业财务结构比较了解的人一定不难发现，企业财务结构也就是企业全部资产所对应的项目，其实就是资产负债表右边的全部项目。

资产	行次	期末余额	年初余额	负债和所有者权益	行次	期末余额	年初余额
流动资产:				流动负债:			
货币资金	1	5,027,720.82	302,383.25	短期借款	31		
短期投资	2			应付票据	32		
应收票据	3			应付账款	33	899,242.62	865,321.25
应收账款	4	2,988,293.63	2,163,524.33	预收账款	34		
预付账款	5			应付职工薪酬	35	238,998.00	68,050.00
应收股利	6			应交税费	36	87,182.94	
应收利息	7			应付利润	37		
其他应收款	8	56,320.25	56,320.25	应付利润	38		
存货	9	45,979.65	126,580.32	其他应付款	39	4,293,051.26	1,733,051.26
其中: 原材料	10						
在产品	11						
库存商品	12	45,979.65	126,580.32				
周转材料	13						
其他流动资产	14			其他流动负债	40		
流动资产合计	15	8,118,314.35	2,648,808.15	流动负债合计	41	5,518,474.82	2,666,422.51
非流动资产:				非流动负债:			
长期债券投资	16			长期借款	42		
长期股权投资	17			长期应付款	43		
固定资产原价	18	984,218.76	768,562.53	递延收益	44		
减: 累计折旧	19	202,708.32	129,694.92	其他非流动负债	45		
固定资产账面价值	20	781,510.44	638,867.61	非流动负债合计	46		
在建工程	21			负债合计	47	5,518,474.82	2,666,422.51
工程物资	22						
固定资产清理	23						
生产性生物资产	24			所有者权益 (或股东权益):			
无形资产	25			实收资本 (或股本)	48		
开发支出	26			资本公积	49		
长期待摊费用	27			盈余公积	50		
其他非流动资产	28			未分配利润	51	3,381,349.97	621,253.25
非流动资产合计	29	781,510.44	638,867.61	所有者权益 (或股东权益) 合计	52	3,381,349.97	621,253.25
资产总计	30	8,899,824.79	3,287,675.76	负债和所有者权益 (或股东权益) 总计	53	8,899,824.79	3,287,675.76

图3-2 某公司资产负债表

其实, 得知这种逻辑关系后, 对于分析影响企业财务结构的因素也就更容易一些了——只要基于企业全部资产筹资取得的过程、途径、方式等进行剖析即可。也就是说, 任何影响企业全部资产构成部分的因素, 都是影响企业财务机构的因素。同时, 由于企业财务结构与企业资金结构密切相关, 所以影响企业财务结构的因素大致可以分为三类。

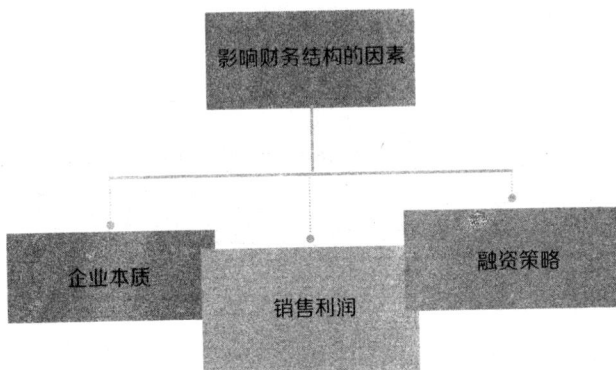

图3-3 影响企业财务结构的因素

1.企业本质对财务结构的影响

企业本质一般包括企业的类型、企业的市场信誉、企业的竞争能力，这些因素都将对企业财务结构带来一定的影响。

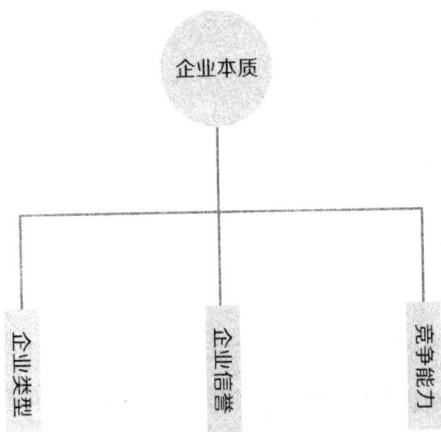

图3-4 企业的本质

（1）企业类型

企业所属类型往往会决定其拥有什么样的资产结构，而不同的资产结构会导致其资本结构也必然不同，企业的财务结构也会因此受到影响。例如，生产制造型企业，一般以保守型资产结构为主，目的是为了最大化提高经济效益，所以其流动资产率较高，进而就会导致其流动负债比例较大；销售型企业通常以风险型资产结构为主，所以虽然其流动资产率较低，固定资产率较大，往往会提高企业的长期负债比例，但是也会同时提高股东权益比例。

（2）企业信誉

没有信誉或者不讲信誉的企业，不仅在发展过程中寸步难行，也会严重影响企业的财务结构。例如，那些缺失信誉的企业除了会减少合作客户之外，也不被投资者和投资机构看好。当企业缺少外部资金的支持时，就无法实现以钱生钱的目的，资产负债率便会大大降低。

（3）竞争能力

一般来说，企业的竞争能力越强，创造的利润越大，那么企业的长期资产比例也就越大，负债率就会越高。而企业竞争力的强弱，通常是由企业的人才质量、管理质量、产品质量等决定。相对来说，依靠核心技术发展的企业，其自身竞争力要强于依靠劳动力发展的企业。

2.销售利润对财务结构的影响

销售利润对财务结构的影响，主要是指销售利润的多寡性、稳定性、持续性等对企业偿债能力造成的影响。

众所周知，利润是每个企业追求的目标，但并不是每个企业都能实现盈利，即便实现了盈利也有多少之分。而盈利较少的企业，以及盈利不稳定的企业，则意味着企业获取资金的能力较弱且缺乏持续性。这就会导致企业的现金流量增速较慢，从而降低企业的偿债能力，为企业带来财务风险。

3.融资策略对财务结构的影响

融资策略可以说是影响财务结构的核心因素，因为融资成功与否、融资规模的大小，都将直接影响企业的长期资金比率等。

图3-5　融资策略对财务结构造成影响的因素

（1）融资环境

如果企业所处的融资环境可以为企业提供融资机会和条件，那么这种融资环境就是企业趋之若鹜的，因为企业所要面临和承担的风险较小，会对企业形成一种潜在的推动作用，鼓励着企业敢于和甘愿选择流动性强的金融资产。这样一来，就会形成一个闭环，即提高企业流动资产比例的同时，提高企业资产负债比例。

（2）融资瓶颈

通常来说，融资环境对于大型企业总是利好的，对于中小企业则是利空的，这就为中小企业融资造成了严重的融资瓶颈。

究其原因，一方面是因为中小企业缺乏实力，而且信用低，另一方面是因为任何金融机构都是以逐利为目的的。投资中小企业不仅会增加风险，而且会降低盈利水平，所以金融机构不会选择对中小企业进行投资。另外，那些处于起步阶段的中小企业，财务关系比较弱，缺乏有力的担保，更没有足够的抵押物，所以自身融资的风险性很高，很容易被金融机构拒之门外。

基于中小企业在融资过程中存在以上种种问题，金融机构对中小企业最终选择了漠视，提高了中小企业融资的难度，甚至切断了中小企业的资金来源，为企业的财务结构带来严重的不良影响。

（3）融资渠道

企业的融资渠道通常以上市发行股票、银行借贷、债务融资为主，但是银行往往会更青睐大型企业。那么，中小企业选择发行股票或者债务融资，是否就可以实现成功筹集资金的目的呢？答案也是否定的。因为我国现行的与上市以及债务融资相关的法律法规，比如对上市企业的规模要求等，再次为中小企业设了一道无法翻越的门槛。

于是，为了生存下去的中小企业不得不通过民间私募或定向募集等渠道和方式融资。然而，通过这种融资渠道募集资金会带来多重风险：一是一旦掌握不好民间私募的度就会触犯法律法规，需要承担法律责任；二是无论民间私募还是定向募集，筹集的资金都是短期性质的，而且融资成本大、融资规模小。综合以上原因，最终将导致企业短期负债比例提高，固定资产比例降低，无法健全企业财务结构。

对影响企业财务结构的因素进行一定的了解，可以帮助企业老板依据企业的实际情况（比如负债比例较大或者流动资产比例较大等），更有针对性地设计企业财务结构。

如何辨别企业自身的财务结构

如果将财务结构简化，完全可以看作是资产结构与资本结构的结合体。因为企业所有的财务活动基本都需要围绕资产与资本进行组织与开展，而流动资产比例与长期资产比例决定了资产结构，短期资本比例与长期资本比例决定了资本结构，将两者协调配合起来便决定了企业的财务结构。

与此同时，如果资产结构发生变化，比如当企业的经营规模发生变化时，资产结构中的货币性资产也会随之发生变化；如果货币性资产比例没有跟随经营规模的扩大而扩大，则会增加企业财务风险。如果资本结构发生变化，比如当企业出现资金紧缺情况时，往往会利用短期借贷的效率性进行临时融资，一旦融资规模过大，往往会增加短期债务风险。

无论是资产结构改变，还是资本结构改变，都会导致出现不同的财务结构，而且可以依据资产结构与资本结构的变化带来的风险的大小，对财务结构进行划分。如果以等级标准进行界定，等级越高代表风险越大。

图3-6　不同等级财务结构

1.一级财务结构——风险较低

从资产结构方面来说，资产规模一般不大，非流动资产比例较小，约占全部资产的三分之一，可在一定程度上降低经营风险，对经营活动需要的资金可以起到有力支撑作用，但同时也会降低资产收益率；从资本结构层面来说，长期资本与短期资本处于一种平衡状态，但长期债务资本与短期债务资本有失平衡，比如长期债务比例较大，虽然可以在一定程度上降低流动负债比例，可是财务风险依然会有所增加。

如果综合一级财务结构中的资产结构与资本结构，可以通过资产结构中较大的存货资产比例对资本结构中带来的财务风险进行稀释，从而有效降低一级财务结构的风险性。

2.二级财务结构——风险适中

二级财务结构是指约占全部资产二分之一的资产结构与长期债务比例约为二分之一的资本结构的结合。在二级财务结构中，由于货币资产占比适中，以及权益资本成本较大，无法最大化满足企业经营活动所需，相比一级财务结构会降低资产收益率，但也降低了长期债务风险，所以能够提高短期偿债能力。

3.三级财务结构——风险较大

之所以说三级财务结构的风险较大，主要是因为流动资产比例以及货币资产比例较小，而且短期债务比例较大，所以就会导致企业的非流动资产比例较小，无法满足企业经营扩张时的资金需求，甚至会加大财务风险。

在实践中，只要企业老板依据资产结构与资本结构的比例进行判断，就可以判别企业自身的财务结构属于哪个等级。

企业财务结构的健全路径

现代管理学之父彼得·德鲁克曾说过："除了错误的财务结构外，能让企业付出更大的代价的事几乎没有。"

那么，是不是风险最低的财务结构就是适合企业的最佳财务结构呢？

其实，财务结构的风险性可以通过结构调整实现健全，所以并不能以财务结构风险的大小来判定是否属于最佳财务结构。

最佳财务结构的特征主要包含以下几个方面。

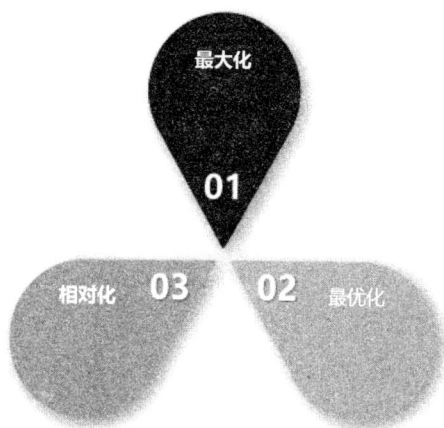

图3-7　最佳财务结构的特征

1.最大化

最佳财务结构的第一个特征是在保障企业处于持续发展状态的同时，保证股东的财富实现最大化。最佳财务结构可以提高企业的偿债信用，进而优化企业的金融关系，提高企业的竞争力，也就提高了企业的盈利水平。

2.最优化

财务结构不是一成不变的，针对不同的金融环境、不同的地域条件、不同的政策法规、不同的发展阶段、不同的企业类型，都会要求财务结构做出优化。因此，最佳财务结构是指在特定的企业类型、特定的发展阶段、特定的经营环境等因素下，达到最优状态。

3.相对化

这一特征主要是指最佳财务结构不可能在一朝一夕之间构建完成，而是需要不断优化。相对来说，最佳财务结构会比较接近企业老板较为满意的程度，但不能忽略影响因素的存在，盲目要求绝对化。

那么，如何才能健全最佳财务结构呢？如果我们基于的出发点不同，需要满足的条件也会出现差距，这就需要衡量企业老板的出发点是什么。

图3-8　健全最佳财务结构的出发点

1.基于风险把控

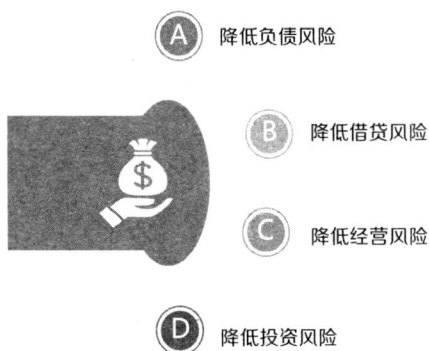

图3-9 基于风险把控的最佳财务结构健全路径

（1）降低负债风险

一个企业的负债水平越高，企业承受能力越低，则企业的财务风险越大。企业的负债水平不仅取决于权益资本和债务资本是否可以形成合适的比例结构，也由长、短期负债的盈利能力与负债风险是否能够平衡决定。

一般来说，企业负债利息等于企业全部资金的利息和售前利润。当负债利息大于这个标准时，也就预示着企业的负债水平提高了，企业将面临更加严重的财务危机。所以，想要降低负债风险，就需要将负债利息和负债水平控制在这个标准之间。

（2）降低借贷风险

以企业普遍会采用的融资渠道和方式来说，无论是上市融资，还是银行借贷，都会由于上市所在地（中国内地、中国香港、美国等）的币种不同、汇率不同，以及不同银行不同的利率，为企业借贷造成成本增加等风险。这就要求企业根据不同地域以及不同银行的经济环境、金融形势、汇率变化、利率高低等情况，及时调整融资渠道和方式，预防并降低借贷风险。

（3）降低经营风险

经营风险主要是由于资产结构不合理造成的。企业的任何经营活动，尤其是想要维持正常的生产经营活动，必须要有足够的资金作为保障。因此，想要降低经营风险，就需要优化资产结构，即保障企业的流动资金处于合理水平，同时需要保证企业的净营运资本比例不能过低。

（4）降低投资风险

投融资是企业财务管控的核心之一。企业想要顺利发展离不开资金的支持，企业不仅需要不断通过投资创造更多的利润，也需要融资获得财富，这样才能最终推动企业持续发展。这也是企业老板创建企业的目的之一。

这就是说，想要通过降低投资风险优化财务结构，就需要重点关注企业的投资回报率，包括直接投资回报率、间接投资回报率、长期投资回报率、短期投资回报率、风险投资回报率等。一般而言，投资回报率越高，说明企业的利润越大，那么投资风险就越低，所以需要企业老板及时调整投资与回报的比重与格局。

2.基于股东财富最大化

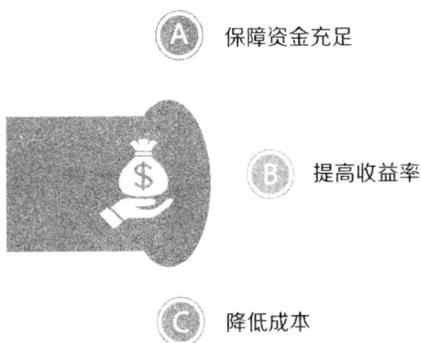

图3-10　基于股东财富最大化的最佳财务结构健全路径

（1）保障资金充足

任何企业生产与运营的前提是，有充足的资金作为后盾，如果没有足够的资金进行周转，那么企业也将停止运营。但是这个"充足"是有一定限制的，通常以满足企业正常的资金需求为准。如果资金储备的数量和规模过大，往往会对资金造成严重浪费的现象，降低资金使用效率，也就是所谓的"过犹不及"。

（2）提高收益率

这一点其实与上面内容提到的提高投资回报率是相同的意思，目的都是为了实现企业利润的增加。提高收益率一般从两个方面着手：一个是提高资产报酬率，另一个是提高资产收益率。对于提高资产报酬率来说，如果在全部资产不变的情况下，息税前利润越高，那么资产报酬率就越高；对于资产收益率来说，在净利润不变的情况下，权益资本总额越少，资产收益率就越高。

（3）降低成本

降低成本似乎是每一个企业都在追求的目标，同时也是优化财务结构的核心因素之一。但是究竟应该如何降低成本，又应该降低哪一部分的成本呢？

如果以企业所在行业的标准来判断，通常需要做的是尽最大努力降低加权平均资本成本。而且，加权平均资本成本越低，越能最大化满足企业对于资金的需求量，甚至可以最大化提高企业的资产报酬率。

我们相信没有哪个企业能够仅依靠销售变强变大。只有强大的销售能力，而缺乏最佳财务结构的企业，会加速其走向灭亡的脚步。

健全企业财务结构是企业财务管控稳健实施的关键，也是企业稳步发展的根本。所以，任何一个企业老板都应该重视财务结构的健全路径，更要懂得财务结构是一种动态化的存在，必须通过增量调整和减量调整实现持续性优化。

财务杠杆的合理利用

最佳财务结构不仅可以降低企业的综合资金成本，将财务风险控制在合理水平，而且可以通过财务杠杆创造更多收益。

财务杠杆是基于企业存在的债务，使得企业息税前利润的变动幅度小于普通股的每股收益变动幅度。如果从这个层面的财务杠杆定义来说，可以通过财务杠杆系数对财务杠杆进行量化，其计算公式如下：

财务杠杆系数=普通股每股利润变动率/息税前利润变动率

通过这个公式，可以准确地计算出息税前利润的变动率与普通股的每股收益变动率之间的比例关系。如果息税前利润的变动率相比普通股的每股收益变动率形成的比例越小，财务杠杆的作用越大。

例如，财务杠杆效应中的负债融资，相比权益融资虽然需要承担更大的风险，但是可以有效降低融资需要付出的资金成本。

企业在持续发展壮大过程中，离不开资金的不断输入。而银行贷款作为融资的一种重要渠道和方式，企业在向银行贷款过程中，往往会因为贷款利率的上涨付出更多的成本。这时，就可以通过财务杠杆效应中的负债融资进行化解。在企业资本结构不变的情况下，企业的债务利息不会发生大的变化，而债务利息是通过息税前利润进行偿还，那么企业只要重点关注息税前利润的变化情况即可。当息税前利润减少时，息税前利润的变动率与普通股的每股收益变动率形成的比例就会增大，企业收益就会降低，反之，就会提高企业收益。

由此也可以得知，财务杠杆为企业带来的不只是积极作用，也会产生负面影响，关键要看企业内外部的各种财务因素如何变化。一旦财务因素发生不利变化，那么本该为企业带来促进作用的财务杠杆，也会转而成为企业发展的绊脚石；如果财务因素发生有利变化，那么看似会提高企业财务风险的财务杠杆，也会成为企业突飞猛进的原动力。

对于企业老板而言，必须对财务杠杆的作用进行全面、详细、深入地了解，才能合理、有效利用财务杠杆为构建最佳的财务结构服务，进而可以实施更有效的财务管控活动，实现企业财务战略目标。

那么，财务杠杆究竟可以为企业带来哪些负面影响和积极作用呢?

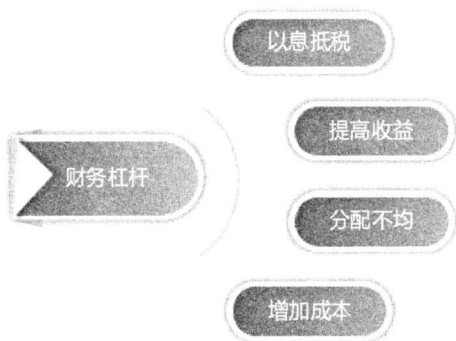

图3-11　财务杠杆效应

1.以息抵税

《中华人民共和国企业所得税法实施条例》第三十八条规定:"企业在生产经营活动中发生的下列利息支出,准予扣除:

(一)非金融企业向金融企业借款的利息支出、金融企业的各项存款利息支出和同业拆借利息支出、企业经批准发行债券的利息支出;

(二)非金融企业向非金融企业借款的利息支出,不超过按照金融企业同期同类贷款利率计算的数额的部分。"

这就是说,企业通过负债融资使企业获得充足的发展资金的同时,在企业应纳税所得额中可以将需要偿还的负债利息进行扣除,在一定程度上减轻了企业的纳税负担。以息抵税的计算公式如下:

抵税额=应纳税所得额－负债额×负债利率×所得税税率

通过这个计算公式可以看出，企业的负债额度越大，需要偿还的负债利息越多，可以抵扣应纳税的额度越大，需要缴纳的企业所得税就越少。

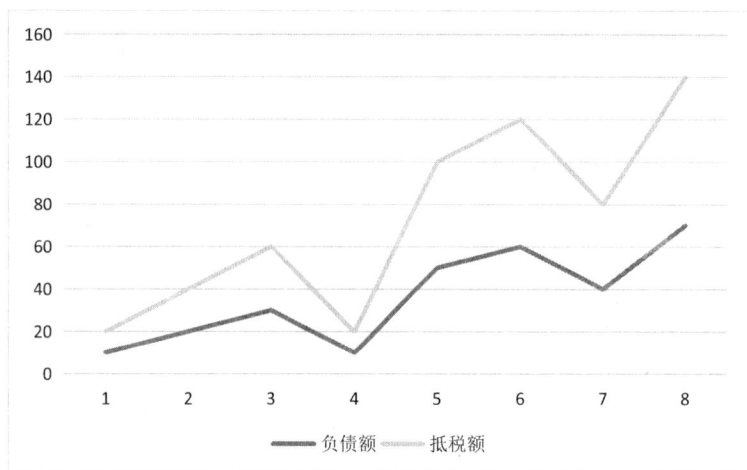

图3-12　负债额与抵税额的比例关系

换句话说，只要企业存在负债，那么财务杠杆就可以带来正面效应，甚至带有一定的绝对性。

2.提高收益

财务杠杆更多的时候是针对企业税后财务发生的一种效用。无论是企业通过债务资本创造的收益，还是通过权益资本获得的利润，都不是企业真实的收益，必须扣除所得税，才能计算企业的真实收入。而财务杠杆在计算企业收益时起到的作用可以用公式表示为：

财务杠杆对于企业收益的效用=（资本利润率－负债利率）×（1－所得税税率）×负债额

通过公式可以得知，所得税税率一般不会轻易发生改变，如果负债利率也处于固定的情况下，那么财务杠杆对于企业收益的效用将取决于资本利润率。一旦负债利率与资本利润率相等，则意味着财务杠杆对企业收益起不到任何正面效应，尤其是在负债利率大于资本利润率的情况下，将为企业带来严重的负面效应。

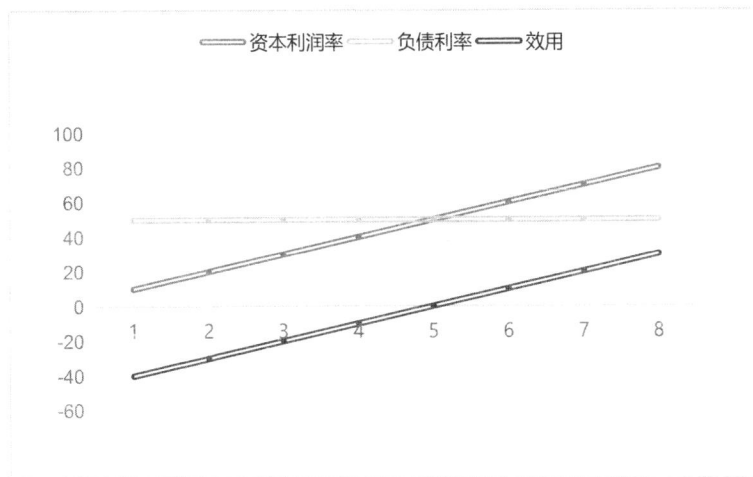

图3-13 资本利润率的正负面效应

当然，也会出现资本利润率大于负债利率的情况，这时财务杠杆对企业带来的将是正面效应。所以，财务杠杆对于企业收益的效用不是绝对性的，而是多面性的。

3.分配不均

财务杠杆能够为企业带来分配不均现象，并因此产生的负面效应主要发生在企业债权人与企业所有者之间。在企业的利润分配制度中，企业只需要按照负债利息和本金对债权人进行偿债即可。也就是说，企业通过债务资本获得的利润减去企业的负债利息和本金后，剩余的利润都将归属于企业所有者，与债权人毫无关系。

如果仅从债务关系中分析，这种利润分配制度并没有什么缺陷，但是从损失以及风险的角度而言，则会因为这种分配制度加大债权人与企业所有者之间的冲突和矛盾。企业所有者之所以会成为债务人，或者说之所以愿意负债的原因，是因为企业所有者在投资某些项目或者企业扩张时需要更多资金的支持。然而，企业所有者做出的投资以及扩张决策，并不是百分之百稳妥，也会存在风险性。这就会导致两种结果：一种是投资或者扩张成功，债权人和企业所有者都可以获利；另一种是投资或者扩张失败，债权人不仅需要和企业所有者共同承担后果和损失，而且债权人需要承担的损失有时候要大于企业所有者。盈利分配时，债权人只可以拿到利息和本金；但是出现损失时，债权人却要承担更多的责任，这往往会让债权人感觉不公平。

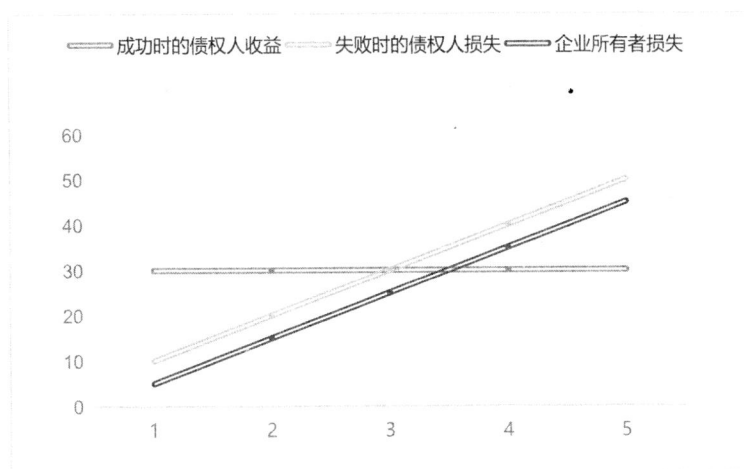

图3-14　债权人与企业所有者收益和损失比例关系

4.增加成本

导致企业无形成本与有形成本的增加，也是财务杠杆为企业带来的负面效应之一。只要企业产生负债，就需要支付相应的负债利息和本金，而且需要按照事前的合同约定等进行定期定额支付，所以会增加企业的有形成本，即提高企业的固定成本费用。

通常来说，企业需要支付的负债利息和本金越多，说明负债越多，企业固定成本增加越多。这是在企业有能力偿还负债利息和本金的情况下增加的成本费用，可以看作是一种有形成本。

那么，当企业没有能力或者没有按期定额偿还负债利息和本金时，就会对企业造成严重的财务危机，增加企业的无形成本。因为企业缺乏或者丧失偿债能力，企业信用将大大降低，不仅会影响合作项目的进行，甚至会导致客户流失。这种损失就可以看作是企业无形成本的增加。

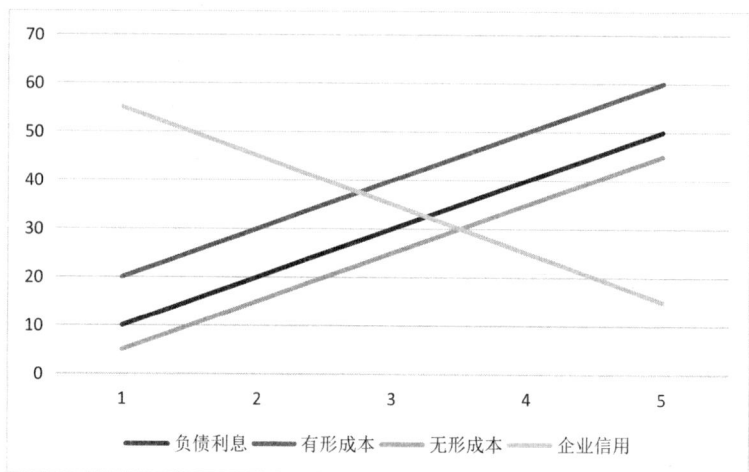

图3-15　财务杠杆的增加成本效应

财务杠杆为企业带来的增加有形成本和无形成本的负面效应是无法忽视的，严重者将会导致企业直接走向破产。

对于财务杠杆的双重作用，企业老板应该重视并做到合理运用，规避盲目放大财务杠杆的做法。

例如，负债利息往往是影响财务杠杆效用的核心因素之一，所以企业老板应该重点关注通货膨胀的速度，并科学预测金融市场的利率变化趋势。甚至，可以通过搜集相关信息，对银行的存贷款利息率是否会发生变化做出判断，进而依据这些信息对财务杠杆的结构和运用做出调整，并制定有利于企业财务管控的措施。

诚如中国财政科学研究院研究员、中国财政学会绩效管理委员会执行秘书长李全所说："有一些企业杠杆可能很高，但是有些企业出于自身的财务安全，或者出于自己的融资能力，杠杆不恰当的低，所以我们应该去解决财务杠杆结构失衡的问题。"

综上所述，财务杠杆效应对于企业而言既有利也有弊，一定不能绝对性看待财务杠杆，而是要合理权衡财务杠杆带来的额外收益以及造成的额外损失。

第四章

开源还是节流

——财务配置优化

立足于会计核算，进行财务管控决策

财务管控等于会计核算吗？

在很多企业老板的认知中，进行会计核算就等同于完成了财务管控工作。实际上，会计核算不等于财务管控，两者之间既有密切联系，更存在着严格区别。

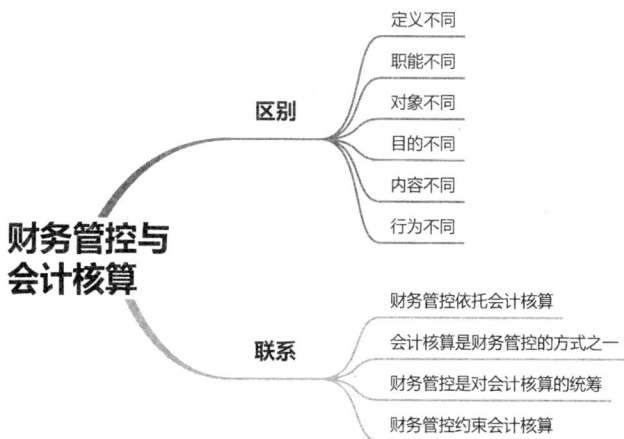

图4-1　财务管控与会计核算的区别和联系

1.财务管控与会计核算的区别

（1）定义不同

我们在本书的第一章内容中曾对财务管控的概念进行了阐述，即财务管控是指对企业的投融资活动等，通过合理、科学的方式或者手段进行决策，是对财务活动和财务关系进行事前、事中、事后的管理行为。而会计核算是指对于企业的经营活动仅通过资金的形式，及时为企业做出真实、准确地反映和监督。

（2）职能不同

从事财务管控的人员，尤其是企业老板，不仅需要对会计知识有一定的了解，而且需要懂得如何从大局出发对企业的整体财务进行管理。因为财务管控的主要职能除了需要对企业的投融资决策进行制定，还需要谋划资金的用途、控制资金使用率、组织财务活动、协调财务关系等。而从事会计核算的人员，通常在严格遵守会计准则的情况下都可以开展工作，但会计核算的职能只是基于企业资金的范围，通过资产负债表、利润表等反映相关财务信息，并对资金使用情况进行监督。

（3）对象不同

通过对财务管控与会计核算的概念和职能的了解，可以发现两者的管理对象也是有区别的。财务管控是通过组织财务活动、协调财务关系等，以提高企业价值、社会价值等为管理目标，突出了价值管理的作用，甚至每个流程、每个细节、每个人员的财务管控都是围绕价值管理的原则和规律展开。而会计核算相对于财务管控无法具象化（通常是以多个活动过程为管理对象），所以会计核算的管理对象更加具体化、单一化，主要是以资金数量为管理对象，反映的是企业资金量的变化。

（4）目的不同

财务管控的核心目标我们已经有所了解，即除了定位于利润最大化、股东财富最大化、财务关系价值最大化、企业价值最大化，还定位于社会价值最大化。而会计核算的目的主要是通过对企业资金的反映和监督，从而提高资金的使用率，规避不合理的使用情况，降低资金风险。

（5）内容不同

财务管控的内容主要是按照财务制度、流程进行财务管控决策，并选择合适的财务管控方式、方法，而且是处于动态化的模式调整过程中。而会计核算的内容是指依据会计制度，以固定的模式将企业日常资金使用的情况和结果进行核算，最终以各种单据信息为依据，通过会计账簿、会计报表等体现，实现反映与监督的目的。

（6）行为不同

财务管控对于企业资金、资本、资产的管理是一种直接行为，由企业老板根据收集到的信息，并结合企业的内外部环境，直接做出财务管控决策。而会计核算是服务于财务管控的，所以属于一种间接管理行为，因为企业老板所需要收集的信息中就包含会计核算信息。

2.财务管控与会计核算的联系

（1）财务管控依托会计核算

财务管控想要更好地实施，需要得到会计核算的有效辅助，尤其是对于企业资金的调配、使用等，以会计核算反映的信息和结果为依据，可以规避企业老板主观决策，从而做出客观、科学的决策。所以，财务管控需要依托于会计核算，两者之间有着必然的不可分割的联系。

（2）会计核算是财务管控的方式之一

财务管控的方式有很多，但是会计核算是无法忽视的方式之一。会计核算不仅可以反映资金的使用情况和结果，企业老板也可以通过这些信息进行延伸，并以此为依据对企业财务的内外部环境因素进一步研判，可以帮助企业构建更加全面的财务管控系统，提高企业抵御财务风险的能力。

（3）财务管控是对会计核算的统筹

如果会计核算反映的信息得不到用武之地，那么也就意味着会计核算失去了存在的价值和意义。而财务管控不仅是会计核算信息的吸收者、利用者，同时通过财务管控的制度和原则可以对会计核算工作进行更细致的统筹与规划，有利于会计核算制定更清晰的目标。

（4）财务管控约束会计核算

既然会计核算服务于财务管控，那么会计核算就要以财务管控的战略目标为基础，从而对资金的使用、调配、控制等进行有计划、有目的地实施。所以，财务管控对于会计核算的流程、方式、方法具有一定的约束作用。

虽然财务管控与会计核算有着诸多不同，但是两者之间也存在着紧密联系，尤其是会计核算为财务管控提供了最基本的信息。

可以说，在市场经济的前提下，只要将会计核算与财务管控紧密联系起来，就可以推动企业经济活动的展开和发展。如果能够将会计核算与财务管控之间的联系进行强化，不仅有利于企业老板对企业资金的使用及运动情况及时掌握，创造更多的效益，而且可以帮助企业规避违规违法以及不合理的经济业务的开展，甚至可以有效降低财务管控差错率和舞弊现象的出现概率。

然而，结合众多企业财务管控工作现状不容乐观的问题，想要强化财务管控与会计核算的关系，企业老板需要正视会计核

算存在的问题，制定与此相对应的措施以改进会计核算工作的
不足。

图4-2　会计核算的问题和改进措施

1.了解会计核算工作中的缺陷

财务管控必须依据会计核算反映的真实、有效信息才能做出
正确的决策，但是基于会计核算人为因素的影响，也难免会发生
随意建立账簿、造假凭证、造假单据、不按规定编制会计报表等
问题。如果这些问题不加以制止，必将会对企业财务造成巨大
损失。

2.以制度约束会计核算流程和方式

想要通过会计核算反映真实有效的信息，一是需要对会计核算人员做出明确工作要求，并加强监督与系统规范会计凭证、单据、报表等的填制；二是需要通过健全会计核算管理制度与原则，使会计核算的流程和方式得到正确性的保障和纪律性约束。

3.严格按照会计准则进行会计核算

《企业会计准则——基本准则》第九条规定："企业应当以权责发生制为基础进行会计确认、计量和报告。"

第十条规定："企业应当按照交易或者事项的经济特征确定会计要素。会计要素包括资产、负债、所有者权益、收入、费用和利润。"

第十一条规定："企业应当采用借贷记账法记账。"

依据《企业会计准则——基本准则》可以对会计核算的标准、会计核算的模式进行量化，保证会计信息能够真实、准确、完整地反映项目资金的投入产出情况。

会计核算是信息的生产者、传播者，财务管控是信息的接收者、利用者。财务管控的基础工作就是要综合会计核算信息，以逻辑形式组织，辅以财务分析工具，制定出对企业有利的策略和方案。

企业股权架构的设计

为什么企业进行财务管控的前提是要设计企业股权架构？设计股权架构难道不是进行人员架构的设计吗？设计股权架构与财务管控究竟有什么关联？

从权利层面来说，根据《中华人民共和国公司法》第三十七条规定："股东会行使下列职权：

（一）决定公司的经营方针和投资计划；

（二）选举和更换非由职工代表担任的董事、监事，决定有关董事、监事的报酬事项；

（三）审议批准董事会的报告；

（四）审议批准监事会或者监事的报告；

（五）审议批准公司的年度财务预算方案、决算方案；

（六）审议批准公司的利润分配方案和弥补亏损方案；

（七）对公司增加或者减少注册资本作出决议；

（八）对发行公司债券作出决议；

（九）对公司合并、分立、解散、清算或者变更公司形式作出决议；

（十）修改公司章程；

（十一）公司章程规定的其他职权。

对前款所列事项股东以书面形式一致表示同意的，可以不召开股东会会议，直接作出决定，并由全体股东在决定文件上签名、盖章。"

根据《中华人民共和国公司法》第四十六条规定："董事会对股东会负责，行使下列职权：

（一）召集股东会会议，并向股东会报告工作；

（二）执行股东会的决议；

（三）决定公司的经营计划和投资方案；

（四）制订公司的年度财务预算方案、决算方案；

（五）制订公司的利润分配方案和弥补亏损方案；

（六）制订公司增加或者减少注册资本以及发行公司债券的方案；

（七）制订公司合并、分立、解散或者变更公司形式的方案；

（八）决定公司内部管理机构的设置；

（九）决定聘任或者解聘公司经理及其报酬事项，并根据经理的提名决定聘任或者解聘公司副经理、财务负责人及其报酬事项；

（十）制定公司的基本管理制度；

（十一）公司章程规定的其他职权。"

根据《中华人民共和国公司法》第四十九条规定："有限责任公司可以设经理，由董事会决定聘任或者解聘。经理对董事会负责，行使下列职权：

（一）主持公司的生产经营管理工作，组织实施董事会决议；

（二）组织实施公司年度经营计划和投资方案；

（三）拟订公司内部管理机构设置方案；

（四）拟订公司的基本管理制度；

（五）制定公司的具体规章；

（六）提请聘任或者解聘公司副经理、财务负责人；

（七）决定聘任或者解聘除应由董事会决定聘任或者解聘以外的负责管理人员；

（八）董事会授予的其他职权。

公司章程对经理职权另有规定的，从其规定。

经理列席董事会会议。"

企业的股权架构基本就是针对股东会、董事会以及经理层的权利进行的设计。如果企业没有针对股权架构进行重新设计，那么按照《中华人民共和国公司法》的相关规定，股东会、董事会以及经理层都享有对企业的财务活动实施监管和控制的权利。

从分红层面来说，通过设计股权架构可以明确股东之间的分红权。在科学的股权架构下，股东们可以合理分得企业利润，能够起到股权激励的作用，促使大家更有动力参与企业财务活动。相反，如果股权架构设计不合理，股东的分红权不科学，就会导致股东之间产生矛盾和抱怨，大家更愿意推卸责任，置财务活动于不顾。

可以说，企业财务管控有效运行的基础环境是基于合理的股权架构进行营造，同时可以对财务管控体系起到优化的作用，所以必须协调好企业管控与股权架构之间的关系，才能发挥企业的最大价值，实现股东财富最大化。

因此，企业老板应该以促进企业健康、持续、稳定发展，以及能够通过有效管理来提高财务管控活动的效率为出发点设计股权架构。

有限合伙股权架构设计　　　　　　　　　　AB股股权架构设计

图4-3　企业股权架构设计

1.有限合伙股权架构设计

有限合伙股权架构和普通合伙股权架构之间最大的不同就在于组成成员之间的区别，并由此延伸出权利的不同。

普通合伙股权架构是由普通合伙人组成，合伙人之间没有区分，除了相关法律法规规定的国有独资公司、国有企业、上市公司以及公益性的事业单位、社会团体不得成为普通合伙人之外，任何自然人都可以成为合伙人。

有限合伙股权架构的合伙人则必须由1名或者1名以上的普通合伙人和1名或者1名以上的有限合伙人组成，而且普通合伙人和有限合伙人加起来的总人数不得超过50人。同时，有限合伙人的出资比例会高达99%甚至更高，而普通合伙人的出资比例通常是1%甚至更低。这也就导致有限合伙股权架构下的利润分配制度与普通合伙股权架构下的利润分配机制是不一样的。普通合伙股权架构是按照合伙人的出资比例进行利润分配；有限合伙股权架构的利润分配机制中，有限合伙人虽然出资较多，但通常仅可以分得利润的80%左右，然后各有限合伙人之间可以再依据各自的出资比例进行利润分配。而普通合伙人由于负责合伙公司的执行事务，除了可以拿取所有管理资产的3%的管理费，还可以获得20%左右的利润分配。

有限合伙股权架构有利于提高财务管控决策的效率，可以有效推动财务活动的实施，甚至由于负责执行事务的人员较少，一般可以由企业老板担任，所以更便于协调财务关系。

2.AB股股权架构设计

构建AB股股权架构的企业，需要在A、B两种股份的附带权益上做出明确区分。A股通常是由普通投资者持有，属于普通股份；B股通常是由公司的创始人抑或管理层持有，属于特殊股份。最关键的一点是，A股的投票权也就是表决权要低于B股，这也这是AB股股权架构设计的核心。

设计AB股股权架构可以帮助企业老板掌握控制权，从而化解企业老板因为融资而被稀释股权的担忧，有利于提高企业融资效率，加速财务管控战略目标的实现。

简而言之，合理而有效的股权架构设计是财务管控高效运作的基础。

如何为公司培养合适的财务人员

财务管控已不再局限于传统以及狭义层面上的"反映与监督"，而是迅速进行了转型升级，成为企业管理的核心构成因素之一，参与到了企业经营决策以及发展战略的制定中。

企业需要以及已经重视财务管控的案例不胜枚举，瓦格纳从一名财务分析员最终做到美国通用汽车公司董事长兼CEO的职位，更是进一步验证了企业对于财务管控的重视程度。

1977年，瓦格纳进入通用汽车公司后，只是被安排到了财务办公室做一名财务分析员。这一时期的通用汽车公司，在企业管理方面更多的是开疆拓土，对于财务管控并不重视。进入20世纪90年代，该公司的规模已经扩大几倍甚至几十倍之后，便放慢了扩张的脚步，转而将焦点聚集在了财务管控方面。

于是，瓦格纳在通用汽车公司干了15年的财务分析员后，在1992年成了通用CFO，并从此开启了升迁之路。1998年，瓦格纳担任通用汽车公司COO；2000年6月，瓦格纳开始担任通用汽车公司CEO；2003年，瓦格纳兼任通用汽车公司董事长。至此，这家百年企业正式由一位名副其实的财务人员实现了完全性的掌控。

财务管控已经由企业大后方奔向了企业的前沿阵地。对于任何一个企业老板来说，即便不是财务出身，也应该了解掌握相关的专业财务知识和管理技能等，比如预算管理、投融资管理、财务分析、成本管理、税收筹划、内部控制等。

然而，这并不是要求企业老板必须做到事必躬亲，而是需要为企业培养合适的财务人员。比如，企业老板能否推动以传统的"核算型""守财型""执行型"为主的财务人员向"管控型""理财型""决策支持型"为主的财务人员转型、升级，将决定企业老板是否真正懂得如何进行财务管控。

当然，为企业培养合适的财务人员，除了是检验企业老板财务管控能力的标准，也是时代发展对企业发展提出的客观要求——愿意的企业可以紧跟时代发展的步伐，甚至可以超越时代发展的步伐，引领时代发展；而不愿意的企业将被拖着走，其最终命运可想而知。

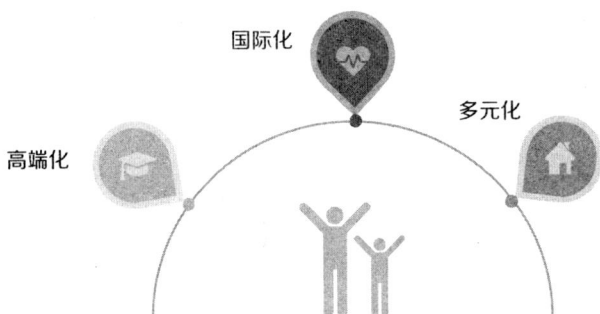

图4-4　时代发展对于财务人员提出的要求

1.财务人员需要走向高端化

作为世界上顶级的会计师事务所之一的普华永道会计师事务所，曾针对财务人员的就业人数做过一项调查。结果显示，20世纪90年代的财务人员就业人数相比销售员就业人数略低，但进入21世纪后，财务人员的就业人数开始急剧减少，仅占据20世纪90年代财务人员就业人数总和的60%左右，而且这种减少趋势将伴随财务信息化技术的运用进一步加剧。而企业在财务管控过程中想要依据财务人员反映的信息做好动态管理，必须要求财务人员走向高端化，能够更好地做好事前预算、事中控制、事后反馈的财务工作，为提高财务管控效率和质量提供有利帮助。

2.财务人员需要走向国际化

中国加入世贸组织后，《企业会计准则》也结合国际环境进行了调整，在中共十六大和十六届三中全会提出完善社会主义市场经济的方针指导和适应经济全球化发展客观要求的条件下进行了修订。所以，新的《企业会计准则》不仅立足中国国情，更是与国际趋同。

对于企业而言，在发展壮大过程中，也会出现同时与多个国家进行贸易的行为，这就要求财务人员必须了解并掌握新的《企业会计准则》。从本地化财务人员向国际化财务人员转型，才能更好地为企业财务管控服务。

3.财务人员需要走向多元化

这里的多元化不仅包括上面提到的高端化与国际化，而且包括由于金融工具和金融衍生工具不断创新对企业财务管控提出的要求，需要财务人员更好地适应这种环境的变化，提高自身对于创新型金融工具的操作能力，推动企业财务管控创新。

近几年来，企业的财务管控理念、措施等都在不断优化，尤其是随着财务信息化的变革与突破，财务管控只有不断丰富深化，财务人员只有不断升级转型，才能让自身与企业做到适者生存。

那么，企业老板如何才能结合时代发展的要求，实现财务人员的升级转型呢？

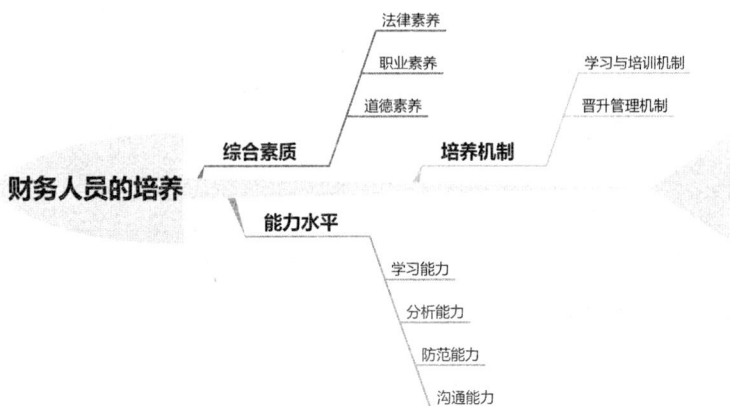

图4-5 财务人员的培养

1.培养财务人员综合素质

（1）法律素养

遵纪守法是对财务人员提出的最基本的要求。无论是在什么样的条件或者环境下，财务人员都不能违反《中华人民共和国会计法》（以下简称"会计法"），也不能以任何理由和借口做出违背财务制度和财经纪律的行为。对于与财务管控相关的所有法律法规，财务人员都必须做到熟记于心，甚至对其他国家的相关财务政策、法律法规都要有全面地了解和掌握，尤其是对于国际贸易核算标准及核算方式要做到熟练应用，为企业走向国际化打下基础。

（2）职业素养

对于财务人员职业素养的要求，主要集中在能否做到"我的岗位我负责"，即是否能够做到爱岗敬业、敢于承担责任、热情高涨、态度积极等。可以说，职业素养是财务人员的基本素质。具备职业素养的财务人员才能做到对待工作认真、细致、耐心，而这些都是做好财务工作的前提。

（3）道德素养

财务人员的道德素养主要是指在从事财务工作过程中，要经得住诱惑，公为公、私为私，不混淆、不占公，也就是要做到廉洁清正，洁身自律。要知道，财务人员的主要工作就是每天与大量资金打交道，稍有不慎，就有可能被私欲左右，轻者被公司开除，重者将被判刑入狱。当然，缺乏道德素养的财务人员除了自身会受到相应处罚之外，对于企业的信誉等也会造成负面影响。

2.提高财务人员能力水平

（1）学习能力

企业财务管控所涉及的财务工作是宽泛的、复杂的，所以传统财务人员那种仅了解、学习会计知识的理念、行为都已经不合时宜。财务人员需要与时俱进，不断丰富、优化、健全自己的知识结构，而且需要在加强专业知识学习的同时，对相关业务知识进行掌握。例如，专业会计人员除了要学会熟练制作财务报表等，还要全方位掌握信息技术，通过不断更新的信息技术，为企业进行更全面、真实、准确的资金使用情况的反映和监督。

（2）分析能力

专业的财务人员不只是"书呆子"，不能只将学到的知识、技能停留在书面上，只知道纸上谈兵是无用的，必须做到学以致用。也就是说，财务人员必须将自己所学到的专业财务知识成功运用到财务管控中，结合本企业的实际情况，对资金使用率、财务活动组织、开展情况、财务关系的协调情况等作出及时、合理、科学的分析，从而为企业制定下一步的财务管控决策提供依据。

正所谓"实践出真知"。通过实践，财务人员才能验证自己的能力水平是否达标，是否可以助企业一臂之力，从而根据存在的问题或者缺陷，进一步提高与完善自身能力。

（3）防范能力

财务人员通过对企业管控情况的相关分析，一般可以预知哪些活动、哪些资金等存在风险、问题，从而可以有针对性地制定防范措施。当然，这需要财务人员有全局观念，而不是仅仅站在自己的岗位上考虑问题，只是从某个问题出发解决某个问题，而是要由点到面、举一反三，通过某个细节性的问题，对整个企业潜在的风险因素进行分析，提出合理的解决方法，将风险降至最低。即便无法完全化解，财务人员也应该提高预警能力，将风险调整至可控范围内。

（4）沟通能力

财务管控工作的专业性是不言而喻的，如果财务人员缺乏良好的沟通能力，企业老板对于财务人员反馈的专业信息不一定能够全部看懂，并将其融化，更无法将其作为制定财务管控决策的依据。所以，这就要求财务人员必须具备高效的沟通能力，即不仅可以通过专业知识做出专业的财务信息、报表等，而且能够运用通俗的语言快速进行解释、交流，使接收者能够在最短时间内了解财务人员所传达的信息。

有效的沟通能力是企业财务管控部门与部门之间、人员与人员之间协调工作的桥梁，可以将信息不对称的风险降至最低。

3.健全财务人员培养机制

（1）健全学习与培训机制

能否培养出适合企业的专业财务人员，不仅取决于财务人员自身的条件，也在于企业老板能否通过合理的机制带动财务人员的积极性，充分挖掘财务人员的潜在能力。然而，真正有能力的财务人员不是一两天可以炼成的，这就需要企业老板健全财务人员的学习与培训机制，为财务人员营造良好的学习环境，搭建学习平台，提供培训的机会，创造培训的条件，让每一个财务人员都有机会成为学习型财务人员，拓宽他们的知识面，放大他们的视野。

（2）健全晋升管理机制

每个人都需要成就感来验证自己的能力，而且成就感越大，积极性越高，工作动力越强劲。所以，企业老板需要为财务人员制定公平、公正、公开性质的晋升管理制度和渠道，让有作为的财务人员可以在更重要的职位上发挥作用。更为重要的一点是，一般职位越高的人员，越会将企业与自身的关系联系得更紧密，他们会将企业看作是自己的事业，会将企业资金看作是自己的钱，为企业做好开源节流。

由此可见，为企业培养合适的财务人员，不能只注重原则性，即财务制度、法律法规等，也要适当给予财务人员管理上的灵活性。换句话说，企业老板在培养财务人员时，不要将财务人员仅仅局限于知识型人才，要不断对财务人员提出更高的要求，促使他们的能力、素养等与企业发展同步。

钱账要分管，出纳不等于会计

出纳和会计是企业财务管控过程中不可忽视的两项重要工作，出纳人员与会计人员也是企业老板需要重视和重点培养的财务人员。

如果会计工作没有做好，将会导致企业账目不清；如果出纳工作没有做好，将会导致企业资金使用率下降。

一般而言，出纳与会计工作的最佳状态是钱账分管。

其实，钱账分管制度在《会计法》中早有明确规定，比如第三十七条："会计机构内部应当建立稽核制度。

出纳人员不得兼任稽核、会计档案保管和收入、支出、费用、债权债务账目的登记工作。"

简单而言，法律法规层面的稽核制度就是要求企业要做到钱账分管。

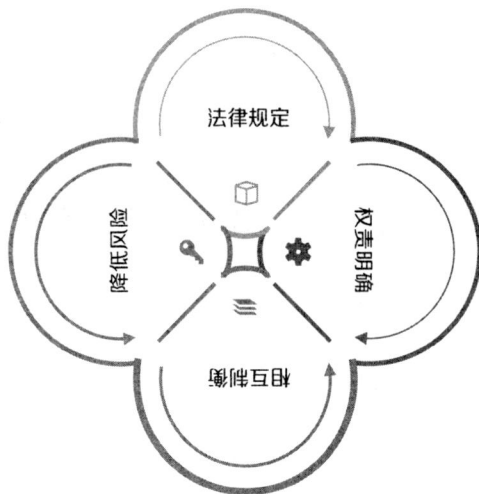

图4-6　钱账分管的效应

钱账分管，即管钱者不涉及账目管理，管账者不参与钱的管理。这也是有效区分出纳与会计工作的标准之一。出纳人员只对现金收付业务和现金保管业务负责，会计人员则负责稽核、会计档案保管和收入、费用、债权、债务账目的登记工作。

企业建立钱账分管机制，可以有效实现出纳与会计工作的相互牵制，也可以实现出纳人员与会计人员的相互监督，甚至可以实现降低浪费企业资金的风险，有效遏制隐私舞弊现象的发生。

例如，在企业进行现金支付和银行存款时，不能直接由出纳人员自主决定付款，而是要经过企业授权的代理人或者会计部门的主管进行审批，通过之后首先要对其进行记账，才能进行支付。同理，在进行工资发放的时候，同样需要进行记账。

当然，出纳人员的工作并非不能自己进行记账，对于不涉及收入、费用和债权等方面的账目，也是可以进行记账工作的。然而，由于出纳人员的工作主要是针对货币资金收付的处理，如果再将每一笔资金费用的业务账簿登记工作交由出纳人员来进行，那么便极有可能导致他们在利欲熏心之下，做出贪污腐败等不良行为。因此，在出纳工作中坚持进行钱账分管的原则是极为必要的，不仅可以防止贪污腐败现象的发生，更能规范出纳的工作和制度，维护国家和企业公共财产的安全。

其实，基于钱账分管制度，可以对出纳与会计工作进行更加具体的要求，从而促使出纳人员与会计人员更加严格遵守与执行这项制度。

1.对于出纳工作

实行钱账分管的工作原则，主要是为了防止在出纳的工作中出现误差和员工间营私舞弊等恶劣行为。钱账分管能够加强出纳人员之间相互制约、相互监督、相互核对，从而提高出纳核算的质量。

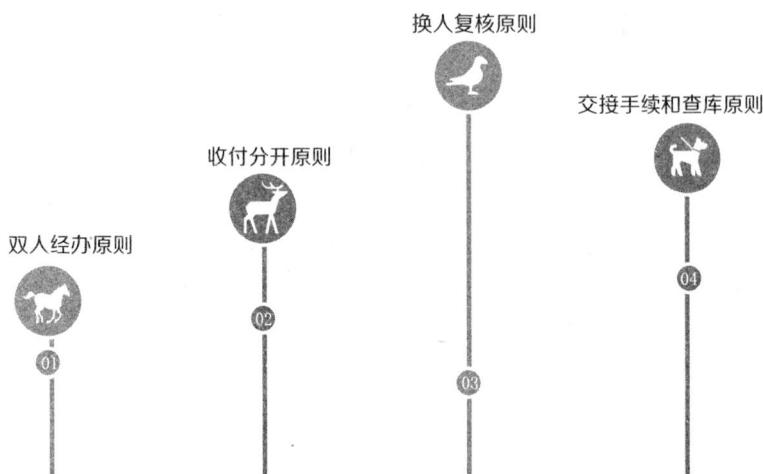

图4-7　出纳的工作原则

（1）双人经办原则

双人经办原则是指对库存现金进行库存调运的过程中，需要由双人来共同调款、共同押运的经办方式，在库房的看护和管理中，同样也需要双人进行库房的管理和守护。这种方式能够使双方互相进行监督，从而减少出现事故或者差错的概率。

（2）收付分开原则

收付分开原则指的是在企业的出纳工作中，为了避免发生以收抵支的舞弊现象，收款业务与付款业务需要分开来经办，不能由同一个人既管收款又管付款，而是分工协作，一个人负责收款，一个人负责付款。另外，在进行现金收入业务的时候，还要坚持先收款后记账的工作方式；在进行现金付出业务的时候，则是要先记账后付款。

（3）换人复核原则

为了避免发生给企业信誉和财产造成损失的差错出现，在进行收付款的出纳工作时，无论是收款还是付款，都需要换人对收付款进行复核。也就是，出纳人员收款后，必须再交由另一个复核人员来进行复核，而在出纳人员配好款项后，同样也需要经过复核人员复核无误后才能付款。

（4）交接手续和查库原则

交接手续和查库原则是指，调换出纳人员时需要办理交接的手续，将责任划分清楚。对于库房的管理，尽管是双人看守，但为了确保账款相符，通常都会定期对库房进行查库。

2.对于会计工作

通常来说，会计的核算职能是会计的首要职能，对整个经济活动的开展极为关键。因此，在履行核算职能时应当遵守一定的要求。

图4-8　会计的工作要求

（1）遵纪守法

会计人员必须严格遵守国家对会计制度的规定及要求，并以此为依据，结合企业自身的需求进行会计科目、会计账户、会计凭证、会计账簿、企业财务报告等设置。例如，企业经济活动的登记及核算必须合法，不得违反《会计法》和国家统一规定的会计制度，不得设置违法的会计账簿。

（2）结合实际

会计人员必须要依据企业实际发生的经济活动开展会计核算，并编写财务报告。同时，用计算机进行会计核算过程中，所产生的凭证等核算结果和资料都要符合国家的规定和要求。

（3）建档立案

会计凭证、会计账簿等一系列用于会计核算的资料和结果都应当妥善保管，并建立档案机制。

（4）便于理解

会计核算过程及其结果都应使用中文。在少数民族地区，可同时使用一种通用的少数民族文字进行记录与核算；一些境内外资企业、境外企业可同时使用一种外国文字记录，这是为了给使用不同文字的使用者提供阅读及理解的便利。

钱账分管就是将现金的管理和账务的管理分开，不仅是物的分开，还需要安排不同人员对现金和账务分别进行管理。这样的方式不仅能够使出纳和会计工作的组织构架分工明确，还能够提高出纳和会计工作的效率，并且双方人员之间的职权和责任也是一目了然的，一旦出现问题方便及时找到对应的负责人进行解决。同时，这种互相协助又相互制约的方式，也确保了账款和库存现金的安全。

第五章

. . . .

离不开的软实力

——财务关系管理

如何在与供应商的博弈中获取利润

财务管控的核心目标是相关者利益最大化，而这些相关者就构成了企业的财务关系，包括企业、股东、政府机构、金融机构、客户、供应商、经销商等。

在这种庞杂的关系链中，企业老板需要做到的是协调好每一层级的财务关系。从单赢走向多赢，最终实现共赢，才能实现财务管控的核心目标，推动企业长期稳定发展。

每一层级的财务关系都需要有针对性地进行协调。比如，供应商如果想要通过博弈获取利润，就要打破传统的关系架构，从单纯的买卖关系转向合作伙伴关系，从敌对关系转向信任关系。

可以说，企业与供应商构建合作伙伴关系，是一种具有战略意义的合作，是在彼此信任的基础上建立的互助、共享、双赢的长期合作关系。在这种关系环境下，两者追求的是同一目标，所以也可以实现风险共担。

从这个角度来看，企业在财务管控的财务关系处理过程中，与供应商的博弈，不是与供应商开战，更不是从供应商身上榨取利润。所以，新型的企业与供应商的战略合作伙伴关系便与传统的企业与供应商的买卖关系形成了鲜明的对比。

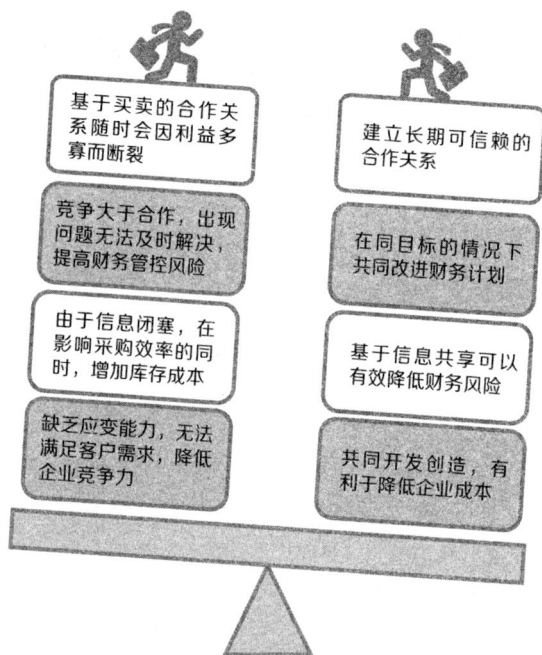

图5-1　企业与供应商之间传统的买卖关系与战略合作伙伴关系的对比

随着供应市场的变化与越来越激烈的市场竞争，传统的买卖关系的弊端越来越明显，新型的战略合作伙伴关系的优势也越来越凸显，那些成功的企业早已看到了与供应商建立战略合作伙伴关系的优势。例如，IBM、Dell、沃尔玛、丰田等跨国公司，通过与供应商之间建立科学的战略合作伙伴关系，增强了企业的成本控制，提高了企业的资源利用率、改善了企业的服务质量、提高了企业的收益比例、降低了企业的采购成本、实现了企业的更大价值。

具体而言，企业通过与供应商构建长期稳定的战略合作伙伴关系，对于财务管控可以起到的效应主要包含以下几个方面。

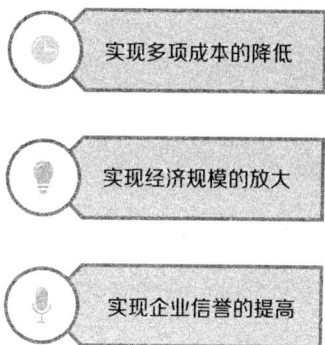

実现多项成本的降低

実现经济规模的放大

実现企业信誉的提高

图5-2　战略合作伙伴关系的正面影响

1.实现多项成本的降低

由于供应商会与企业共享信息以及相关技术，企业可以通过更合适的原材料和技术手段进行产品的研发与生产，所以可以同时实现企业采购成本、研发成本、生产成本、质量成本的降低。

在战略合作伙伴关系的作用下，企业的各项成本仅是传统买卖关系需要付出成本的80%左右。

与此同时，基于这种关系也可以降低企业处理与防范财务管控中潜在风险需要付出的财力。除此之外，企业可以通过供应商获得更多的市场信息和更有利于产品创新的技术，所以企业在探索未知产品领域时，也可以有效降低投资风险，从而提高投资成功率，增加企业收益。

2.实现经济规模的放大

企业与供应商形成稳定的战略合作伙伴关系后，彼此之间会加大取长补短、优势互补的合作力度，比如共同研究开发、专利技术共享、创新成果共享等。如此一来，企业不擅长的领域，或者是投入较大的领域，可以与供应商合作完成，或者把供应商比较擅长的领域直接委托其完成，就可以实现强强联合，实现经济规模1+1>2的效果。一方面可以提高企业的竞争力，另一方面也可以让企业有更多的精力处理其他财务管控工作。

3.实现企业信誉的提高

当企业的产品生产在供应商的协助下得到保障后，无论是产品质量和交货速度都会得到相应的提升，更容易提高客户满意度、提升客户体验感的同时让客户更加忠诚于企业。

信誉较高的企业更容易激发客户的购买欲，因为客户会更加放心选择信誉度比较高的企业的产品。这在一定程度上也是协调与客户之间的财务关系的有效途径。

总而言之，企业与供应商建立战略合作伙伴关系可以有效降低市场需求多样化、企业竞争加速化、经营环境复杂化带来的影响。

单枪匹马的时代已经过去，整合优势资源，形成整体竞争力，统一目标、共享资源、共担风险、互惠互利的合作关系才是实现相关者利益最大化的有效途径。

通常，对于建立并保持企业与供应商的战略合作伙伴关系，有"人治"与"法治"两种方式。

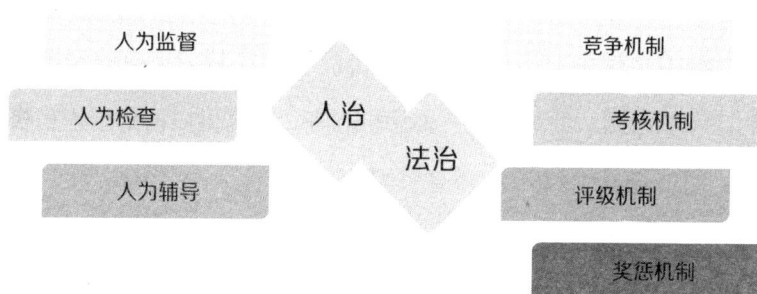

图5-3　战略合作伙伴关系构建方式对比

1.人治

人治是指主要基于人为因素对供应商进行控制，更多的是出于企业层面主动对供应商产生的影响，而供应商则是处于被动管理的地位。例如，通过企业安排常驻代表人员、监督人员、检查人员、辅导人员，对供应商进行定期或不定期的监督检查，包括供应商的关键工序、特殊工序、原材料、半成品等，同时也会对供应商的技术人员等进行定期辅导。

虽然人治的最终的目的也是为了提高企业的产品质量，满足客户的需求，但是通过这种方式构建的战略合作伙伴关系的关联性、整合性、抱团性都比较弱，通常适用于初创企业或者小企业的发展阶段。

2.法治

法治是指企业与供应商通过协商、约定制定相应的竞争机制、考核机制、评级机制、奖惩机制等，提高供应商的合作积极性，使战略合作伙伴关系具备长期性、稳定性。

（1）竞争机制

竞争机制是指让供应商之间形成竞争关系，从而淘汰不合格的供应商，减少供应商的总体数量。相对来说，企业与10家高质量的供应商合作，比与100家质量参差不齐的供应商合作要好得多。与少数几个高质量的供应商合作，不仅可以满足企业更全面的需求，降低沟通成本、采购成本，而且可以将关系简单化，更利于企业与供应商之间深度合作。

（2）考核机制

考核机制是指企业以竞争对手的供应商的表现为标的，让自己的供应商与其进行对标，从而查漏补缺，并以最快的速度提升与完善供应效率和质量。

（3）评级机制

评级机制是指企业通过供应商的质量、效率、技术等指标，将供应商划分为一级供应商、二级供应商、三级供应商，让供应商之间产生差距，并以此为依据确定与供应商的合作深度与期限。

（4）奖罚机制

奖罚机制是指企业通过对供应商的表现进行考评，对表现优秀的供应商实施更多的利益层面的共享，而对于表现一般或者表现较差的供应商，则依据考评结果实施较少利益层面的共享。这种机制有利于提高供应商的合作积极性，可以鼓励供应商为长期改善供应质量主动找问题、做分析、想办法。

长期以来，企业与供应商的发展都处于一种"弱肉强食"的生存环境中，但是彼此之间的恶意相残对于企业财务管控是一种极大的消耗。只有改变这种生存态势，由联手合作取代相互争斗，才能成为企业实现利益最大化目标的推手，帮助企业获取更多的资源，发挥更大的企业价值。

客户的价值可以无限放大

美国纽约《华尔街日报》曾刊登过一篇有关企业与客户的文章，其中有一段话是这样描述的："没有人比妈妈更了解你，可是，她知道你有多少条短裤吗？乔基公司知道。妈妈知道你往每杯水中放多少块冰吗？可口可乐公司知道。妈妈知道你在吃椒盐饼干时是先吃口袋中的碎块儿呢，还是先吃整块儿呢？还是去问问弗里托·莱公司吧，他们知道。"

显然，这段话是站在企业发展生存的角度来说的，即得客户者得市场。

如果从企业财务管控的角度出发，客户也是企业财务管控过程中所涉及的众多财务关系中的一种关系的主体，而且是企业重要的外部财务关系之一。

建立良好的客户关系，放大客户关系价值，或者说谁可以对客户更了解，谁就能赢得更多的客户资源，推动企业价值最大化的财务管控目标的快速实现。

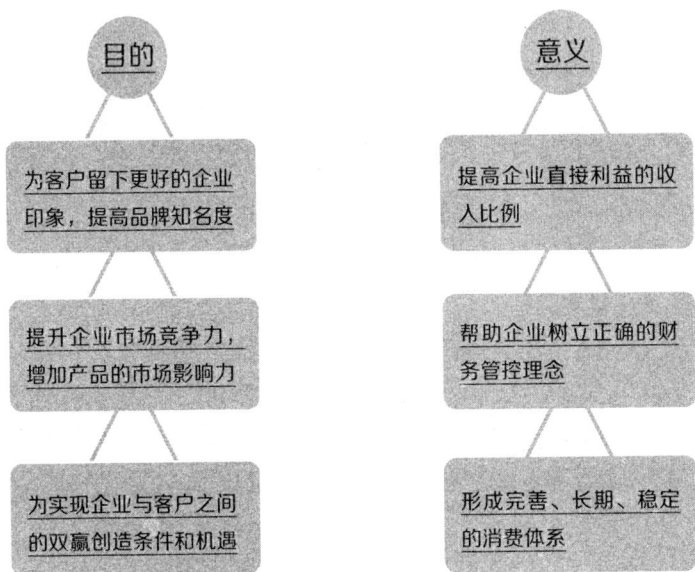

图5-4　建立良好客户关系的目的和意义

客户关系是指企业为了实现财务管控目标，与客户之间主动建立的可以加深理解客户需求并与客户有效沟通的某种联系。如果依据客户关系需要具备的长期性、稳定性、差异性、双赢性、多样性的特征，可以将客户关系分为不同的类型，但最终目的不变，即为交易提供方便、节约交易成本。需要注意的是，这里所说的客户，不仅包括某个消费者、消费群体，也包括企业客户。

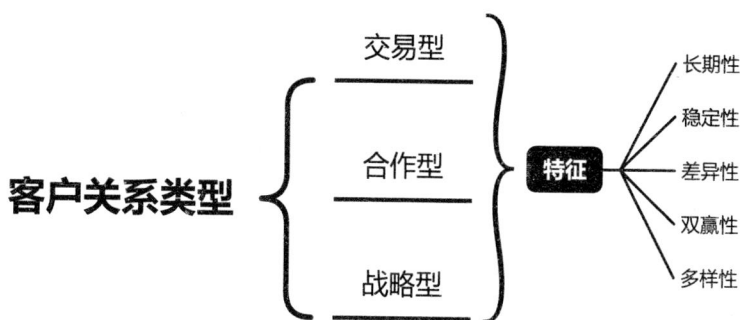

图5-5　客户关系类型及特征

1.交易关系

交易关系是指企业与客户之间的联系仅停留在卖方与买方的层面，交易行为、交易目的、交易方式、交易主体都比较简单。一般是某个客户或者客户群体与企业发生买卖关系，而企业通常安排销售人员与其对接即可。

这种关系属于低层级的客户关系，联系的目的往往只是针对价格、质量等，不会过多涉及与交易无关的信息。基于此，建立交易关系的成本以及后期维护成本都比较低，只是从企业销售盈利多少层面对财务管控产生较低影响。

2.合作关系

合作关系是指企业与客户之间通过交易行为，在客户对企业产品进行使用之后，可以与企业进行有效沟通与反馈，包括对产品功能、外观、颜色、大小等，以及销售人员、服务人员的服务态度等信息进行及时的交流，为企业提供合理的建议或者意见，帮助企业进一步提高产品质量和服务质量。

这种客户关系主要是企业管理层人员与客户团体的代表人员进行联系，而且客户一般会在同等条件下，放弃企业的竞争对手。企业需要做的是付出更多的成本维护客户关系，以赢得客户更大的信任度与忠诚度，从而促进客户关系长期化的形成，进而放大客户价值，增加企业的收益。

3.战略关系

战略关系是指企业与企业型客户之间建立的为了同一个目标共同发展、报团取暖的联盟关系。这种关系和企业与供应商构建的战略合作伙伴关系基本一致，彼此之间技术共享、风险共担、利益同享。

这种关系有利于放大企业的价值，加快企业财务管控目标的实现。

这三种客户关系如果仅从客户的构成主体来说，可以分为三级（交易关系）、二级（合作关系）、一级（战略关系），等级越高说明构成的主体越简单；如果从建立与维护客户关系需要付出的资源和成本来说，可以分为一级（交易关系）、二级（合作关系）、三级（战略关系），等级越高说明需要付出的资源与成本越多。

客户关系等级

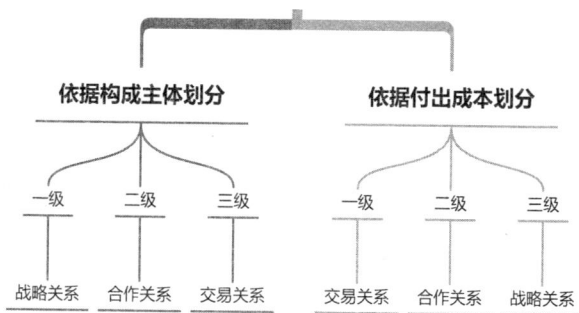

图5-6 客户关系等级划分

所以，企业与客户建立某种联系的时候，需要综合考虑每一种客户关系的利弊。但无论哪种客户关系的构建，都必须做好以下几个方面的工作。

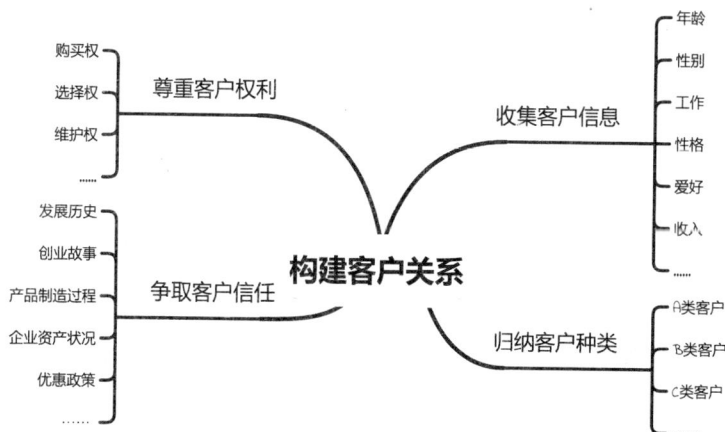

图5-7 建立客户关系的途径

1.收集客户信息

收集客户信息是对客户进行了解的第一步，也是必要的一步工作。客户信息包括客户的年龄、性别、工作、职位、性格、爱好、收入、资产状况、发展前景等。所以，这些信息仅仅依靠与客户交易时填写某些单据是无法收集全面的，必须通过各种渠道、各种方式尽可能地将客户信息收集完整，才能加深对客户的了解，为建立稳定的客户关系打好基础。

2.归纳客户种类

归纳客户种类是指依据不同的标准，比如不同的年龄段、不同的消费水平、不同的消费能力等，将客户划分为A类客户、B类客户、C类客户等，从而有针对性地构建适合不同客户主体的客户关系。

当然，这里需要提醒的一点是，归纳客户种类没有贵贱之分，只是依据不同的标准进行划分后可以更有针对性地对待，是为提高客户关系的质量做准备工作。

3.争取客户信任

可以说，任何关系的建立如果缺乏信任就相当于没有根基的桥梁，始终会崩塌。构建客户关系也不例外，客户对企业产生信任，才能巩固客户关系，比如让客户对企业的发展历史、创业故事、产品制造过程、企业资产状况、优惠政策等进行深入了解，可以提高客户对企业的信任度。

4.尊重客户权利

每个人都享有法律规定的各项权利，这是毋庸置疑的。例如，客户对企业产品有选择权、有购买权、有售后维护自身利益的权利等。如果企业无法维护客户的这些基本的、正当的权利，就相当于主动切断了与客户的联系，不仅会影响企业的收益，甚至会受到法律的制裁。

由此可见，想要构建良好的客户关系，不仅需要关注客户的物质需求，为客户提供优质产品、优质服务等，也要关注客户的精神层面，为客户提供精神食粮，同时还要注重新老客户关系的同步维护。加大客户关系的体量，无限放大客户价值，就可以提高企业的核心竞争力，使企业长期拥有竞争优势，为财务活动的组织与开展提供便利。

巧借银行的钱下"金蛋"

　　银行在一些企业老板的认知观念中似乎并没有留下什么好印象。他们眼中的银行多是高高在上的金融机构，不仅会通过设定非常严苛的条件提高进入银行的门槛，而且通过烦琐的流程放大淘汰力度。所以，在他们看来，银行的作用大多是存取款，除此之外不再抱有其他希望。

　　然而，这种认知显然是存在问题的。如今巧借银行的钱来下"金蛋"，用银行的钱生钱，已经成为企业财务管控的一种有效模式，更是企业老板应该具备的思维模式。如果企业老板仅盯着企业现有的资金资源，很难将企业做强做大，只有通过建立银企关系，争取到银行的支持，才能时刻把握企业的财务命脉。

　　可是这种银企关系究竟应该如何把握，才既能打消有些企业老板对银行的错误认知，又能让银行对企业提供帮助呢？是需要将银企关系加深，还是将银企关系搁浅呢？

中国金融学会会长、人民银行原行长周小川曾在"2018中国金融学会学术年会暨中国金融论坛年会"发表了主题为《信息系统架构和金融模式》的演讲，并针对银企关系做了相关讲述："一家银行虽然给这个客户有贷款，或者有支付结算，但是跟别家银行比也没有特别之处，其他银行可以替代它的业务。'跳槽'经常发生，同样一个业务，今天从你这儿做，明天可以从别人那儿做。

"如果数字货币能够搞得成功，数字货币究竟是央行一家来做，还是央行通过商业银行来做？商业银行在中间究竟起什么作用？

"如果所有东西都依靠处理共享信息来决定，机器就能替代人，也许金融架构就会出现明显的转变。

"这个事绝对不是那么简单，比如小型企业，会计准则也不见得能被读懂，账目有意无意地不符合会计概念，相关准则可能也不会去严格执行，有很多数据真的假的，能用不能用，并不知道。不是说信息技术什么都能解决的。"

由此可以看出，企业与银行的关系既不能联系得非常紧密，也不能过于松散，才能达到巧借银行的钱下"金蛋"的效果。

也就是说，企业老板要在紧密与松散的银企关系之间找到平衡点，即企业除了通过银行开展基础的结算等日常业务外，也可以通过银行解决资金需求问题，比如通过信用贷款、质押贷款、担保贷款、银行跟踪项目贷款等为企业融资。银行也要通过为企业放贷获取相应的利润，否则银行的资金就会产生负债。

通俗而言，银企关系的平衡点就是：企业可以通过银行融资，银行可以通过为企业放贷降低负债。从企业角度出发，具体的平衡措施包括以下几点：

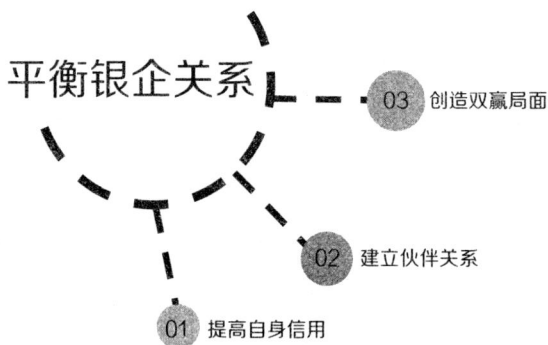

图5-8　银企关系的平衡

1.提高自身信用

没有信用的企业往往无法从银行获得贷款。银行依据企业的信用等级决定放贷的多少，而缺乏信用的企业往往存在较大的财务风险，因此这样的企业很难从银行获得贷款。所以，想要平衡银企关系，企业需要提高自身信用，包括借款信用、商业信用、财务信用、纳税信用、结算信用等。

　　企业不仅需要重视信用，而且需要想办法提高信用等级。一般来说，企业可以通过与银行建立有效沟通机制增加银行对企业的信任度，比如可以邀请银行考察人员来企业参观，以企业真实的生产情况、经营情况、员工情况、企业规模、资产规模等证明企业信用。

2.建立伙伴关系

　　银企关系的平衡其实也是要求企业与银行之间建立一种伙伴合作关系，打破单纯地由银行放贷，企业融资的业务往来关系。例如，针对彼此之间存在的问题，双方可以约定在特定的时间，或者以特定的方式进行交流，相互提出更合理的解决方案，有助于银企关系的稳定发展。

3.创造双赢局面

　　无论是企业还是银行，一旦某一方只追求自己的利益最大化，就会打破银企关系的平衡，甚至终止银企关系的发展，所以银行关系的平衡追求的也是双赢的结果。对于企业而言，应该在自身获取利益的同时，想办法帮助银行提高回报率。具体做法上，企业可以将自身高回报的项目与银行特定的具有优势的产品相结合，从而确保双方都可以达到事半功倍的效果。

平衡好银企关系，不仅可以有效解决企业的资金问题，推动企业实施财务管控，也可以同步提升企业的竞争力，使企业在市场中拥有更多的话语权。

走进税务里的"节税门"

在企业财务管控的财务关系中，企业与税务机构的关系也是值得重点关注的，如果能够做到恰当处理，走进税务里的"节税门"也有助于财务活动的开展。

然而，这里的"节税门"不是指企业要偷税、漏税、逃税、避税，也不是指企业与税务机构要建立"猫捉老鼠"的税企关系，因为这样做必然会受到法律制裁，让企业遭受更严重的财务损失。

根据《中华人民共和国税收征收管理法》第五章规定：

"**第六十条**　纳税人有下列行为之一的，由税务机关责令限期改正，可以处二千元以下的罚款；情节严重的，处二千元以上一万元以下的罚款：

（一）未按照规定的期限申报办理税务登记、变更或者注销登记的；

（二）未按照规定设置、保管账簿或者保管记账凭证和有关资料的；

（三）未按照规定将财务、会计制度或者财务、会计处理办法和会计核算软件报送税务机关备查的；

（四）未按照规定将其全部银行账号向税务机关报告的；

（五）未按照规定安装、使用税控装置，或者损毁或者擅自改动税控装置的。

纳税人不办理税务登记的，由税务机关责令限期改正；逾期不改正的，经税务机关提请，由工商行政管理机关吊销其营业执照。

纳税人未按照规定使用税务登记证件，或者转借、涂改、损毁、买卖、伪造税务登记证件的，处二千元以上一万元以下的罚款；情节严重的，处一万元以上五万元以下的罚款。

第六十一条 扣缴义务人未按照规定设置、保管代扣代缴、代收代缴税款账簿或者保管代扣代缴、代收代缴税款记账凭证及有关资料的，由税务机关责令限期改正，可以处二千元以下的罚款；情节严重的，处二千元以上五千元以下的罚款。

第六十二条 纳税人未按照规定的期限办理纳税申报和报送纳税资料的，或者扣缴义务人未按照规定的期限向税务机关报送代扣代缴、代收代缴税款报告表和有关资料的，由税务机关责令限期改正，可以处二千元以下的罚款；情节严重的，可以处二千元以上一万元以下的罚款。

第六十三条　纳税人伪造、变造、隐匿、擅自销毁账簿、记账凭证，或者在账簿上多列支出或者不列、少列收入，或者经税务机关通知申报而拒不申报或者进行虚假的纳税申报，不缴或者少缴应纳税款的，是偷税。对纳税人偷税的，由税务机关追缴其不缴或者少缴的税款、滞纳金，并处不缴或者少缴的税款百分之五十以上五倍以下的罚款；构成犯罪的，依法追究刑事责任。

扣缴义务人采取前款所列手段，不缴或者少缴已扣、已收税款，由税务机关追缴其不缴或者少缴的税款、滞纳金，并处不缴或者少缴的税款百分之五十以上五倍以下的罚款；构成犯罪的，依法追究刑事责任。

第六十四条　纳税人、扣缴义务人编造虚假计税依据的，由税务机关责令限期改正，并处五万元以下的罚款。

纳税人不进行纳税申报，不缴或者少缴应纳税款的，由税务机关追缴其不缴或者少缴的税款、滞纳金，并处不缴或者少缴的税款百分之五十以上五倍以下的罚款。

第六十五条　纳税人欠缴应纳税款，采取转移或者隐匿财产的手段，妨碍税务机关追缴欠缴的税款的，由税务机关追缴欠缴的税款、滞纳金，并处欠缴税款百分之五十以上五倍以下的罚款；构成犯罪的，依法追究刑事责任。

第六十六条 以假报出口或者其他欺骗手段，骗取国家出口退税款的，由税务机关追缴其骗取的退税款，并处骗取税款一倍以上五倍以下的罚款；构成犯罪的，依法追究刑事责任。

对骗取国家出口退税款的，税务机关可以在规定期间内停止为其办理出口退税。

第六十七条 以暴力、威胁方法拒不缴纳税款的，是抗税，除由税务机关追缴其拒缴的税款、滞纳金外，依法追究刑事责任。情节轻微，未构成犯罪的，由税务机关追缴其拒缴的税款、滞纳金，并处拒缴税款一倍以上五倍以下的罚款。

第六十八条 纳税人、扣缴义务人在规定期限内不缴或者少缴应纳或者应解缴的税款，经税务机关责令限期缴纳，逾期仍未缴纳的，税务机关除依照本法第四十条的规定采取强制执行措施追缴其不缴或者少缴的税款外，可以处不缴或者少缴的税款百分之五十以上五倍以下的罚款。

第六十九条 扣缴义务人应扣未扣、应收而不收税款的，由税务机关向纳税人追缴税款，对扣缴义务人处应扣未扣、应收未收税款百分之五十以上三倍以下的罚款。

第七十条 纳税人、扣缴义务人逃避、拒绝或者以其他方式阻挠税务机关检查的，由税务机关责令改正，可以处一万元以下的罚款；情节严重的，处一万元以上五万元以下的罚款。"

表5-1 个人所得税税率表

（工资、薪金所得适用）

级数	全月应纳税所得额	税率（%）
1	不超过500元的	5
2	超过500元至2 000元的部分	10
3	超过2 000元至5 000元的部分	15
4	超过5 000元至20 000元的部分	20
5	超过20 000元至40 000元的部分	25
6	超过40 000元至60 000元的部分	30
7	超过60 000元至80 000元的部分	35
8	超过80 000元至100 000元的部分	40
9	超过100 000元的部分	45

注：本表所称全月应纳税所得额是指依照本法第六条的规定，以每月收入额减除费用二千元后的余额或者减除附加减除费用后的余额。

表5-2　个人所得税税率表

（个体工商户的生产、经营所得和对企事业单位的承包经营、承租经营所得适用）

级数	全月应纳税所得额	税率（%）
1	不超过5 000元的	5
2	超过5 000元至10 000元的部分	10
3	超过10 000元至30 000元的部分	20
4	超过30 000元至50 000元的部分	30
5	超过50 000元的部分	35

注：本表所称全年应纳税所得额是指依照本法第六条的规定，以每一纳税年度的收入总额，减除成本、费用以及损失后的余额。

　　所以，这里的"节税门"指的是企业应该严格遵循税务相关的法律法规按时足额缴纳企业与个人相关税项，免遭处罚。降低损失又何尝不是一种所得！由此，我们也可以得出合理的税企关系应该是相互作用的。

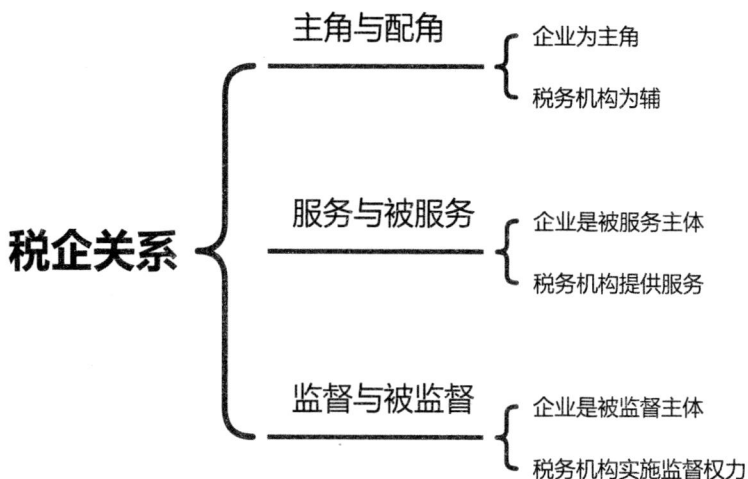

图5-9　税企关系

　　企业与税务机构的关系或者说联系是非常紧密的。税企关系的好坏将直接影响财务管控的效果，比如企业的收入和成本项都会对增值税的缴纳造成一定影响。所以，企业在经营过程中，尤其是在财务活动过程中要及时自查、自检各方面涉税工作，降低涉税风险，取得税务机构的信任。

　　企业老板以及企业的全体财务人员都应该加强对相关税法的学习，培养税法思维和观念，尤其是对于税务相关的法律法规的变动情况，要做到及时了解、学习、掌握，从而有效降低税务风险。

　　哪怕企业确实存在税务风险，也不能视而不见，更不能选择逃避，而应该积极、正确面对。针对税务风险的大小、产生的原因、解决措施等，要第一时间做出分析、判断，提出解决方法的同时，要积极接受税务部门的检查与监督，树立良好的守法企业形象。

当企业的税务风险降低了，纳税信用提高了，税企关系自然也会随之完善、和谐。

与此同时，企业应当与税务机构保持有效沟通，及时针对税法的相关问题，或者不理解的地方，向税务机构征询，避免因为理解偏差或者错误，为企业带来损失和风险。

可以说，和谐的税企关系是企业追求的目标，甚至可以奔着"夫妻关系"的标准去构建，以税务机构为"妻"，以企业为"夫"——妻子会监督丈夫不能私设小金库，更不能欺骗妻子胡作非为，而在妻子理解丈夫赚钱不易的同时，丈夫也需要上缴所得。

第六章

看不见的创富空间

——财务信用系统

财务信用的造富能力

财务管控既要遵循市场法治经济的原则，也要遵循财务信用经济的原则。

然而，有些企业为了加速扩张的步伐，便会违背财务信用经济的相关原则，在不做调查研究和分析的情况下，盲目地追加投资，开展项目。结果往往会因为决策失误导致项目无法按计划运行，投资风险加大，短时间无法回笼资金，降低了企业的财务信用度。

殊不知，企业的财务信用在财务管控体系中占据着举足轻重的地位。上面案例中提到的财务信用其实是指财务信用中的一个分类，即资本信用。

这也就是说，财务信用实际上包含多种信用，是不同信用的综合概念，所以财务信用的定义也可以分为广义与狭义。

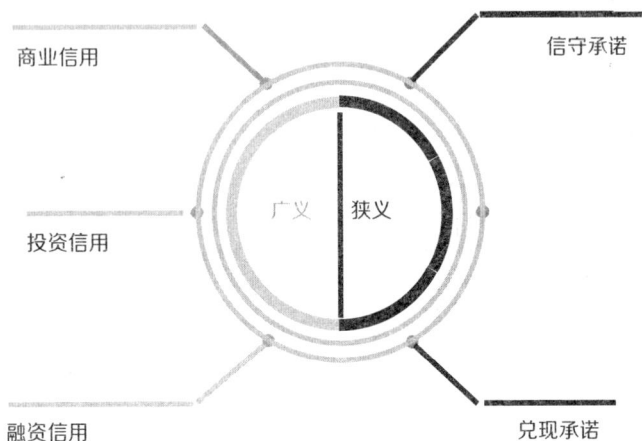

图6-1　财务信用定义

广义的财务信用是指集商业信用、投资信用、融资信用、管理信用等于一体，在生产制造过程中保证产品质量、交货期限、服务质量，与客户进行诚信交易，向供应商及时结算。同时，按照事前的约定对相关项目及时注资，按照签署的相关协议按时还本付息，按照投资比例或者相关约定（如公司章程）按时足额向股东进行分红，并通过相关制度的制定与实施，对企业全体人员的职业素养和行为进行约束，按照税法相关规定及时缴纳税款，结合企业实际情况正确、真实地编制财务报表等。

狭义的财务信用是指企业与客户或者股东、其他企业、金融机构、政府部门等交易和合作过程中，企业以承诺的方式偿还客户或者股东、其他企业、金融机构、政府部门等提供给企业的资金、服务、技术。

不可否认，在经过近30年的市场经济发展后，无论是市场体系建设还是企业老板的经营观念，都得到了完善与进步。企业老板已经跳出传统的经营思想，逐渐开始通过现代化管理经营企业。他们已经懂得企业的前进与倒退、生存与灭亡、壮大与萎缩都取决于企业的核心管理控制能力。财务信用管理正是企业核心管理控制能力的重要组成部分，对企业的财务管控带来的影响，尤其是对企业盈利能力的影响是巨大的，甚至直接关系着企业能否实现利润最大化的终极目标。

具体而言，财务信用对企业的作用就是提高其造富能力。

图6-2 财务信用的造富效应

1.提高客户存量

企业所处的市场环境通常是由企业、竞争对手以及客户共同营造。在这种既定的环境因素下，企业与竞争对手争夺的是客户，谁的客户存量大，谁就能提高自身的市场占有率。如果企业的财务信用良好，尤其是在优于竞争对手的情况下，比如在客户交付定金后，企业可以按期保质交付产品，往往可以吸引更多的客户，使企业客户存量不断提高。

2.放大资产价值

财务信用与厂房、设备等企业的固定资产不同，它是企业的无形资产。如果企业的财务信用良好，不仅可以放大无形资产的价值，也会促使企业的有形资产放大价值。例如，企业的财务信用良好，全体员工具有较高的职业素养，对企业设备等及时维护保养，一旦企业被收购，企业的固定资产价值也会随之水涨船高。

3.提高融资效率

任何一个企业都离不开资金的支持。如果没有资金的支持，企业何谈项目投资；如果没有资金的支持，企业扩大规模又从何谈起；如果没有资金的支持，人才的引进、创新技术的研发、高端设备的买入都将化为泡影。而财务信用良好的企业，可以通过按时还本付息与银行或者金融机构建立和谐的合作关系，在企业需要资金注入时，银行或者金融机构将基于企业良好的财务信用直接放贷。企业良好的财务信用可以降低企业融资的风险，解除银行或者金融机构的后顾之忧。

4.降低企业成本

企业成本包含很多方面，比如采购成本、营销成本、交易成本等，而良好的财务信用有利于降低企业成本。以采购成本为例，企业从供应商那里采购原材料，如果可以及时支付应付款项，缩短供应商的账期，保障供应商的现金流量，那么供应商也会以更优惠的价格以及更快的速度为企业提供原材料。对于企业而言，以更低的价格采购和在最短时间内获得生产原料，都在某种程度上降低了企业成本，包括金钱成本和时间成本。

良好的财务信用犹如企业的一张"免死牌"，可以拯救企业于危难；又像是企业的一把"冲锋枪"，可以让企业在开拓市场的时候所向无敌；更像是企业的一棵"摇钱树"，可以为企业注入源源不断的资金。

让财务欺诈戛然而止

如果将原国际五大会计师事务所之一的安达信会计师事务所（以下简称"安达信"）称为"财务欺诈"的幕后操作者，相信不会有人反对。

安达信不仅将世界上原最大的综合性天然气和电力公司之一的美国安然有限公司推向了破产的地狱，而且将美国第二大长途电话公司世界通信公司（WorldCom）推向了倒闭的地狱。究其原因，无不是因为安达信在为这两家公司提供财务报表审计期间，通过财务舞弊手段，将大量的费用支出计入资本项目，从而提高了两家公司的虚假收入与虚增利润，高达数十亿美元的"利润"致使两家公司最终触犯相关法律法规而不得不走向倒闭与破产。

例如，世界通信公司造假案被揭发后，其股价开始一路狂跌，曾一度跌至9美分。要知道，9美分的股价对于通信公司的投资者和美国股市来说都意味着是一种前所未有的"重创"。投资者因此损失严重，身败名裂，美国股市的道琼斯指数因此下跌11.2%，纳斯达克指数则跌至"9·11事件"后的最低水平。除此之外，与世界通信公司进行合作的摩根大通银行、美洲银行、日本瑞穗银行、德意志银行、荷兰银行等，分别因此损失几亿美元。

当然，在公司的发展历史中，财务欺诈绝不是个案。除了美国诸多著名国际大公司之外，比如美国安然有限公司、世界通信公司、施乐公司、美国默克集团等，中国也存在大量财务欺诈的企业，比如银广夏、猴王A股、黎明股份等。

企业的财务欺诈行为不仅使投资者丧失了投资信心，对公司失去了信任，对证券市场的稳定发展造成严重影响，而且严重降低了企业的财务信用，甚至将财务信用降至0以及负数，所以必须让企业停止财务欺诈的行为。

那么，究竟什么是财务欺诈呢？从世界通信公司的造假案中我们可以得知，其通过财务舞弊手段，将大量的费用支出计入资本项目造成了财务欺诈，但这只是财务欺诈的一个方面。全面的财务欺诈包括企业的整个会计活动，是指通过故意制造虚假财务报表，传递不准确的、片面的、没有结合实际的会计信息，从而发生偷税漏税、欺瞒投资者以分得更多利润等行为。

美国注册会计师协会对财务欺诈做出的定义是："在财务报

表中蓄意错报、漏报或泄露以欺骗财务报表使用者。"

然而，在明知道企业存在财务欺诈行为就会受到处罚的情况下，为什么还有很多企业会"明知山有虎偏向虎山行"呢?

对此，美国注册舞弊审核师协会（ACFE）的创始人、美国会计学会会长史蒂文·阿伯雷齐特（W.Steve Albrecht）提出了舞弊三角理论。他认为必须同时具备压力、机会和自我合理化三要素，才会出现财务欺诈行为。史蒂文·阿伯雷齐特对压力的解释是指企业在财务上遇到瓶颈，而且需要快速解决，具有时间性;机会是指企业财务的内外部环境为企业创造了某种机遇，或者提供了某种平台，使企业可以粉饰或者掩盖财务欺诈行为;自我合理化是指企业有自我安慰的借口和理由，即便出现财务欺诈行为在企业看来是合理的、符合道德观念的、不违背行为准则的。

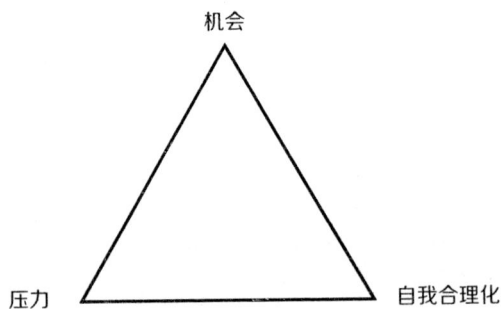

图6-3　财务欺诈三角轮

同时，美国犯罪学家萨瑟兰在其1939年出版的《白领犯罪》一书中首先提出了白领犯罪理论。萨瑟兰通过对白领人员所实施的犯罪行为进行研究，发现这种财务欺诈的行为包括很多方面，比如贪污、诈骗、诈取、受贿、偷税漏税、买空卖空、造假资产负债表、操纵股票市场等。萨瑟兰认为只有拥有较高的社会地位、经济地位，而且被人所尊重的白领，才有机会在其职业领域中或职业活动中实施财务欺诈。

1987年，美国Treadway委员会再次经实证研究表明："由于压力、刺激、机会和环境结合在一起，会产生财务欺诈"。

据不完全统计，从1993年至2003年的10年时间，中国资本市场中有近100家公司因财务欺诈被中国证监会发现并处罚。

归纳起来，企业进行财务欺诈的动因不外乎追求个人或者某个团体的利益最大化，以及误导投资者。

其实，无论出于何种原因，财务欺诈都是违法行为，必须及时制定有效的措施进行制止，比如通过建立现代企业制度，对企业的财务活动进行监控、约束；通过完善会计审计制度，确保财务信息的真实性、正确性、及时性；通过建立财务欺诈赔偿机制，对进行财务欺诈的人员或者企业形成威慑，让其产生敬畏感；通过建立舆论监督体系，增强道德约束力，提高企业信用。

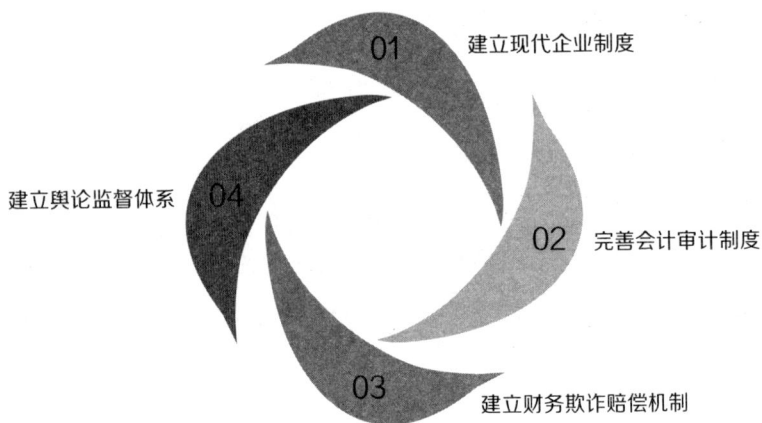

图6-4　财务欺诈防治措施

　　总之，防范财务欺诈不是只为了解决一时的违法行为，因为在利益诱惑下，财务欺诈随时有可能"死而复生"，所以需要企业老板做好打持久战的准备，积极营造公平竞争的市场经济秩序，为企业建立良好的财务信用。

财务信用缺失的幕后推手

2020年4月，瑞幸咖啡被推到了舆论的风口浪尖，引得众人不得不猜测万分：

瑞幸咖啡究竟发生了什么？

瑞幸咖啡的股票还能买入吗？

瑞幸咖啡是在尝试创新经营模式吗？

瑞幸咖啡的这次事件到底会带来多大的影响？

这些问题的答案都要从瑞幸咖啡发布的一份公告所引发的连锁反应中找寻。在瑞幸咖啡发布的这份公告中，其对造假的22亿元人民币销售额供认不讳。要知道，根据相关数据显示，瑞幸咖啡2019年前三季度的主营业务收入为29.29亿元，而22亿元的造假规模已经逼近了其三个季度的总营收规模。所以，这份公告一经问世，马上引起了社会层面的轰动，对瑞幸咖啡产生了严重的负面影响。

由于瑞幸咖啡失去了财务信用，股价开始暴跌，产品也遭到了投资者的抛弃。

由此不难发现，财务造假正是企业财务信用缺失的幕后推手，不过导致财务信用缺失的"黑天鹅"绝不止这一只。

我们不妨先看一下财务信用缺失的企业表现：

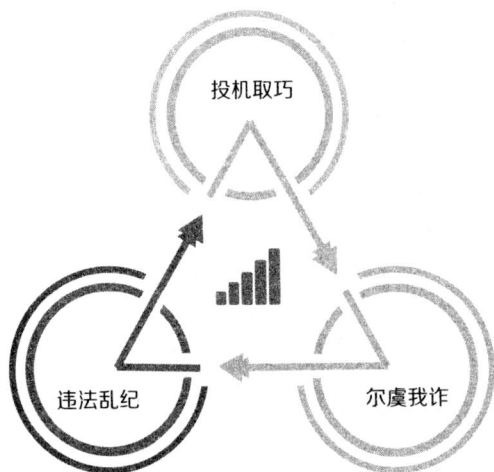

图6-5　财务信用缺失的表现

1.投机取巧

企业一旦缺失财务信用便会迫不及待地走上一条投机取巧的道路，具体表现是自以为可以钻会计准则的空子，于是开始造假财务报表信息、随意调整会计核算方法、粉饰披露信息、隐瞒财务真实状况等。

2.尔虞我诈

企业在不重视财务信用的情况下，也就等于失去了约束力，企业与企业之间合作、企业与客户之间交易，都将不再遵守约定。合同或者协议犹如一张废纸，违约、失信现象层出不穷。

3.违法乱纪

财务欺诈就是典型的缺失财务信用后的违法乱纪行为，同时企业的债务问题也会越来越严重，拖欠银行或者金融机构的资金不偿还时有发生，甚至有些企业会故意挑衅法律法规，最终得不偿失，损失惨重。

通过对企业缺失财务信用后的表现进行倒推，不难发现财务信用缺失的幕后推手主要包含以下几方面：

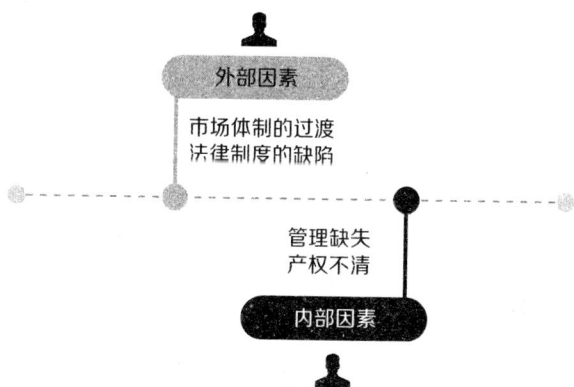

外部因素
市场体制的过渡
法律制度的缺陷

管理缺失
产权不清

内部因素

图6-6　财务信用缺失的原因

1.外部因素

（1）市场体制的过渡

众所周知，我国的市场经济体制是从计划经济体制过渡而来的。经过市场体制的转换后，在市场经济体制下，企业需要自给自足，也就是需要自己创造收入，同时也需要自己承担风险。因为市场经济环境下，企业之间将通过竞争分胜负，谁的竞争力越强大，谁的生存发展机会就越大。这就导致企业需要重新构建自己的财务信用制度，但是在这种压力不断加大的情况下，企业往往会将更大的精力放在争夺市场份额上，从而忽视财务信用观念的培养。

（2）法律制度的缺陷

良好的财务信用是企业在财务活动过程中诚信守法行为的综合体现，但是对于财务信用缺失后的行为却没有完善的法律制度进行惩戒，这就导致不法企业有机可乘。同时，对于财务信用在法律层面缺少监督、监控机制，导致财务信用体系不健全、信用评级无法落实等，也会加剧财务信用的缺失程度。

2.内部因素

（1）产权不清

如果企业的产权制度没有明确规定产权的归属，便会导致相关人员忽视企业的财务信用。因为企业不属于他们，就失去了维护财务信用的动力，甚至会想尽一切办法实现自身利益的最大化，哪怕以牺牲企业财务信用为代价也在所不惜。

（2）管理缺失

企业财务信用也是需要管理的，比如通过制定相关的财务信用管理制度等，可以对企业的财务活动、人员的财务行为、财务关系等进行制约。如果缺失相应的管理制度，财务活动、财务行为、财务关系都将出现混乱或者为所欲为的局面，降低企业财务信用也将成为一种必然。

企业的财务信用就犹如企业的软实力。良好的财务信用可以在潜移默化中为企业创造更多的利润，但前提是必须找出导致企业财务信用缺失的"黑天鹅"，不能任其肆意翱翔。

财务信用系统的构建

如果将企业比作一栋大厦，那么财务信用就相当于这栋大厦的根基，一旦根基缺失，整栋大厦便会瞬间崩塌。

试想，美国安然有限公司曾经多么辉煌，其员工规模数量曾一度高达2万余名，年收入更是曾高达1 000亿美元。

然而，就是这样一家世界级的大公司，仅仅因为一次财务造假便导致财务信用彻底归零，一夜之间走向了破产。

财务信用的好坏决定了企业在资本市场上的融资能力，更决定了投资者对企业是否信任。所以，企业在不断发展的环境中，只有构建并不断地优化财务信用系统，适应环境发展的需要，才能更好地实现对财务的管控。

财务信用系统是指企业老板将防范财务信用风险与树立良好的财务信用融为一体的一系列管理活动。

在西方的企业财务管控体系中，由于不断发展与完善相关财务管理理论，已经形成了符合现代企业管理的财务信用系统。但是这种模式以及方法并不适合中国企业，因为水土不服无法做到直接套用，必须结合本土环境积极探索适合自身的财务信用系统的构建途径和方式才行。

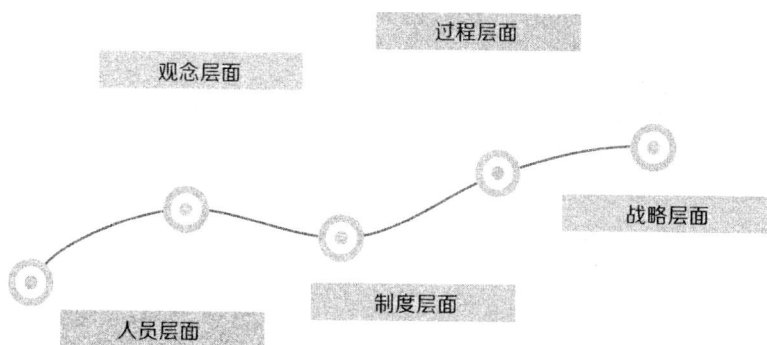

图6-7　财务信用系统的构建

1.人员层面——培养财务信用管理人才

培养专业的财务信用管理人才是构建财务信用系统的基础。财务信用管理人才具有先天的自我控制、自我约束的特性，而且可以起到有效的引导作用。他们在财务管控过程中可以起到推动财务活动合理、合法开展的作用，也可以为协调财务关系起到润滑剂的作用。

在具体的培养措施上，企业可以通过建立财务信用人才的学习制度、培训制度、资格考核和认证制度，打造一支专业能力过硬的财务信用管理人才队伍。

2.观念层面——强化财务信用意识

强化财务信用意识是针对企业全体成员培养良好的职业道德、增强法制观念，不只是针对企业老板以及高层管理人员强化责任，约束行为。

具体做法上就是要求企业全体成员尤其是会计人员应严格按照国家规定的相关规范和准则组织财务活动。

例如，《会计基础工作规范》第二节会计人员职业道德规定：

"第十七条 会计人员在会计工作中应当遵守职业道德，树立良好的职业品质、严谨的工作作风，严守工作纪律，努力提高工作效率和工作质量。

第十八条 会计人员应当热爱本职工作，努力钻研业务，使自己的知识和技能适应所从事工作的要求。

第十九条 会计人员应当熟悉财经法律、法规、规章和国家统一会计制度，并结合会计工作进行广泛宣传。

第二十条 会计人员应当按照会计法律、法规和国家统一会计制度规定的程序和要求进行会计工作，保证所提供的会计信息合法、真实、准确、及时、完整。

第二十一条　会计人员办理会计事务应当实事求是、客观公正。

第二十二条　会计人员应当熟悉本单位的生产经营和业务管理情况，运用掌握的会计信息和会计方法，为改善单位内部管理、提高经济效益服务。

第二十三条　会计人员应当保守本单位的商业秘密。除法律规定和单位领导人同意外，不能私自向外界提供或者泄露单位的会计信息。"

3.制度层面——加强管理机制建设

企业应针对财务活动组织人员制定严格的管理制度，提高财务活动开展的效率和质量。要知道，在严格的管理制度约束下，财务造假的可能性会大大降低。具体做法上，企业可以基于提高法律的强制性，健全道德的约束机制。

4.过程层面　　加大奖惩力度

加大奖惩力度主要是指在组织财务活动过程中，对于破坏企业财务信用的人员以及行为要及时制止，并在合法的情况下予以严厉惩罚；而对于提高企业财务信用的人员以及行为要及时进行奖励，鼓励这些人或者行为持续下去。

严厉的惩罚与鲜明的奖励可以在企业中形成一种有效对比，能够将破坏企业财务信用的人员以及行为进行曝光，对隐藏的破坏企业财务信用的人员以及行为可以起到警示、预防以及制止的效用。

5.战略层面——融入企业决策

企业老板在制定企业发展战略的时候，应该将财务信用系统的构建融合进去，一是可以让全体成员看到企业对于财务信用的关注程度，从而引起他们的高度重视；二是可以从多个层面提高企业的核心竞争力，比如以提高财务信用为出发点，就会重点关注产品以及服务的质量，从而赢得客户信任，争夺更多的市场份额。

一般而言，财务信用良好的企业，其生命力也会更加旺盛。因此，构建和维护企业的财务信用应该看作是在维护自己的生命一样，进行不间断地、系统性地建设，牢固树立"财务信用就是财务命脉"的管控观念。

第七章

早早收，慢慢付

——财务运营体系

实现财务监管的科学控制

　　财务监管是指基于国家有关的法令条例和企业的规章制度、财务计划，依据合法性、合规性、效益性等原则对企业财务活动的组织措施、运营状况、经营成果进行监察和督导、评价和剖析，为企业的财务管控和经营决策提供及时、准确的财务信息，并对存在的财务问题提出解决方案。

　　由财务监管的定义不难看出，如果按照监管的过程来划分，可以将财务监管分为事前监管，即监察和督导、评价和剖析财务活动计划的合理性、可行性等；事中监管，即监察和督导、评价和剖析财务活动的组织措施、运营状况等；事后监管，即监察和督导、评价和剖析财务活动的经营成果。

　　如果按照监管的对象来划分，可以将财务监管分为内容监管，即财务活动所包含的内容是否符合有关政策、法规的规定；成果监管，即财务活动的最终结果是否能够顺利实现财务计划。

财务监管的分类

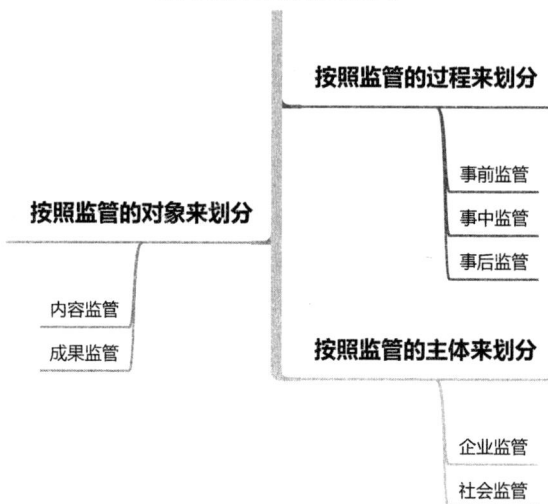

按照监管的过程来划分
- 事前监管
- 事中监管
- 事后监管

按照监管的对象来划分
- 内容监管
- 成果监管

按照监管的主体来划分
- 企业监管
- 社会监管

图7-1　财务监管的分类

　　如果按照监管的主体来划分，可以将财务监管分为企业监管，即企业通过制定相关制度规则，检查财务活动的开展是否符合有关法规、制度的规定以及财务计划的执行情况；社会监管，即由社会组织，包括政府机构等，检查企业财产的安全性、完整性等。

　　通过财务监管的分类可以进一步得知，财务监管的内容几乎贯穿于企业的每一个层级、每一个流程、每一个活动、每一个组织，对企业的财务活动实施的是全面性的监管，比如财务预算的监管、资金收入的监管、资金支出的监管、资金利用率的监管等。

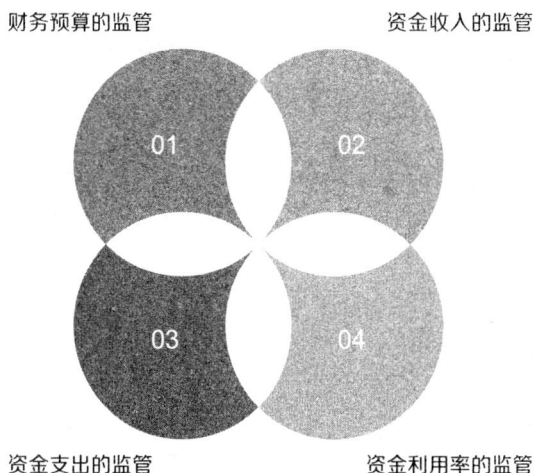

图7-2 财务监管的内容

1.财务预算的监管

财务预算是指企业针对财务活动编制的财务收支计划，是组织财务活动以及经营的基本依据。

加强财务预算的监督和管理，对督促参与财务活动的人员、部门切实履行职责，完成所担负的任务具有重要意义。

财务预算可以分为预算编制、预算支出、预算收入、预算执行。对于预算编制的监管主要是基于国家相关政策和法规，对企业财务计划的制定等进行监督，需要合规、合法；对于预算支出的监管是指能否将企业资金按照轻重缓急的原则进行统筹，是否可以起到开源节流的作用；对于预算收入的监管主要是指在财务活动过程中是否存在风险，是否会影响企业收入来源，并对存在的问题及时提出有效解决措施；对于预算执行的监管主要是指对财务活动的进度、资金的用途、收益的多少等进行监督，检查这些事项是否按照原计划有序进行，以及有无违反相关法律法规等，争取做到有力执行。

2.资金收入的监管

资金收入包括很多方面，比如销售收入、服务收入、投资收入、合作收入、技术收入、筹资收入等。对企业资金收入的监管主要是指收入是否存在欺骗性、隐瞒性，是否实现了收入计划。比如很多企业存在多收或少收、错收或乱收、不收或减收的情况，就要针对这些收入问题进行剖析，找到问题根源，及时制止，以免因为企业违法而遭受惩罚。

3.资金支出的监管

资金支出包括工资支出、采购支出、贷款利息支出、宣传支出等。其实，从支出的本质上来说，所有的资金支出都属于企业成本范畴。所以，对于资金支出的监管就是要求能够降低成本，即对于是否存在随意扩大支出的行为、是否存在消耗性支出的行为、是否存在错误性支出的行为等进行监管，使资金支出的各种行为严格按照既定的计划和规章运行。

4.资金利用率的监管

资金利用率越高说明企业的资金越能发挥更有效的作用。资金的利用情况包括企业的资金周转是否可以满足企业需求，呆账坏账是否及时进行清理，投资过程中是否存在投机行为等。如果企业的资金没有得到充分利用，就需要第一时间查找原因，防止资金闲置、滥用、挪用情况发生。

其实，除了上述几点财务监管的主要内容之外，还包括对企业是否存在坐支现金、非法挪用、随意借支等违反国家规定的行为进行监管，对企业是否基于国家规定进行开立账户、办理存款、取款和转账结算等业务进行监管，对企业是否基于国家规定进行无形资产的取得和转让进行监管等。

财务监管的作用可以说是对立矛盾的，对企业财务管控既有刹车的制约性作用，同时又起到了加速的促进性作用。

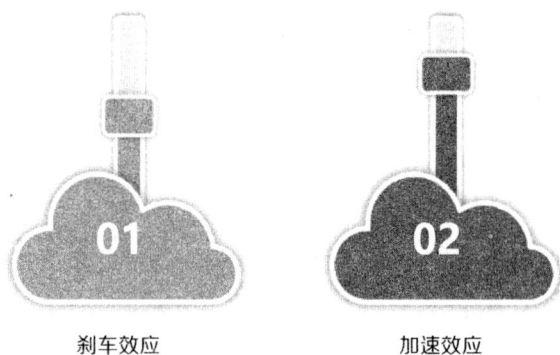

刹车效应　　　　　　　加速效应

图7-3　财务监管的作用

1.刹车效应

如果将企业比作一辆汽车，通过财务监管，可以将这辆汽车存在的隐患和问题找出来。比如轮胎胎压是否正常、刹车盘是否正常等，如果存在异常，就需要马上停车检查、更换。这就好比企业中的资金是否存在营私舞弊、票据账单是否存在弄虚作假、投融资是否存在贪污浪费、企业所得是否存在偷税漏税等。如果没有按照企业规章、制度、计划、预算，以及国家法律、法规、方针、政策等贯彻执行，那么就需要进行审查纠正，从而有效地保护企业的合法权益，维护市场经济秩序，巩固社会经济法制。

2.加速效应

通过财务监管，除了能够找出财务管控的问题和风险所在，同时能够为企业财务管控提出更有效的方法和途径。例如，通过财务监管，能够提高对企业资产的管理力度，可以降低企业的资产损失；找出财务活动组织与实施过程中的薄弱环节、损耗环节，可以优化财务活动的流程；保障各投资项目的资金供应，落地财务计划和提高执行效力；有效整合人力、财力、物力等各种资源，加强和改进对人、财、物的管理，让企业价值更大化；促使企业依法开展财务活动、协调财务关系，让企业获得法律保障。

这就好比给一辆汽车添加了燃料，优化了汽车的发动机，让汽车可以跑得更快、更远、更稳定。

对企业财务管控而言，或者站在企业整体的战略发展角度来说，在企业管理过程中都不可忽视财务监管的意义。企业要想实现财务管控的核心目标，即实现相关者利益最大化，更需要通过实现科学性财务监管作为后盾。

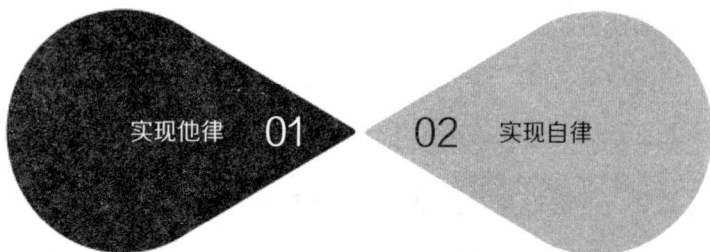

图7-4　实现财务监管科学控制的措施

1.实现他律

通过与政府相关部门进行合作，比如财务、审计与税收等机构，积极接受政府多部门的联动审核，并与这些部门实现信息共享，放大其监督职能，对企业在开展财务活动过程中提高法律的敬畏感大有裨益。同时，可以引入社会监督，比如为投资者或者客户甚至是社会大众开设举报途径，让企业的所有财务活动暴露于"阳光下"，约束企业必须严格按照相应的标准开展财务管控。

2.实现自律

实现自律主要是规范企业内部所有财务相关人员的行为，注重财务人员的学习与培训，提高他们的专业素质，使得财务人员能够充分认识到在企业发展的过程中，财务监管的重要性。发挥财务人员的优势与潜力，打造一支兼具硬实力与软实力的财务管理团队。同时，企业内部需要建立完善、严格的财务监管与审核机制，使企业的财务活动与财务管控战略目标保持一致，也要与国家法规保持一致。

　　加强财务工作改革，实现财务监管的科学控制，可以同时实现创收节支，实现企业资金的有效利用，实现最大的经济回报，实现资金的合理使用，对财务管控的实施具有现实作用。

向经销商争取最短账期

  A企业以赊销的方式采购了B企业100万元的商品，并且在30天内将商品销售一空，那么在A企业的销售收入中除了利润部分，还有应该付给B企业的商品款。然而，B企业给予A企业的赊销期限是60天，那么A企业就可以将本属于B企业的100万元商品款在自己的账户上留存60天，期间可以用这100万元经营其他业务，从而再次获得利益。

  从中不难发现，账期越长，对于A企业就越有利，完全可以拿别人的钱为自己服务，而且不需要支付任何利息，但对于B企业来说则是账期越长越不利。

  这或许就是为什么2007年到2016年的短短10年之间，有越来越多的企业的账期被延长，而且账期的延长天数越来越多。根据相关数据显示，在中国企业中，60天账期的比例越来越低；2016年90天账期的企业数量，相比2007年的企业数量扩大了近2倍；

2016年120天账期的企业数量，相比2007年的企业数量扩大了1.5倍左右；2016年120天以上账期的企业数量，相比2007年的企业数量扩大了近10倍。

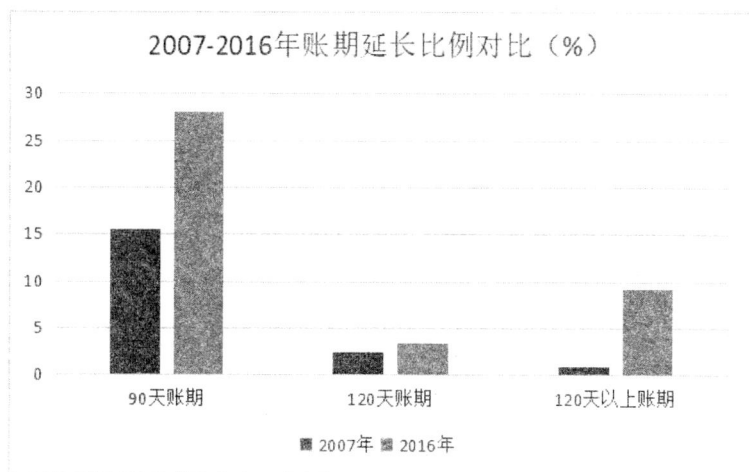

图7-5　2007—2016年账期延长比例对比

一般来说，账期指的是被赊销企业给予赊销企业的付款期限。学术上的账期定义为，生产商与经销商之间通过信用约定一定的期限，经销商在约定期限内可以采用不付款的方式进购生产商的商品，但是必须在约定期限期满之际将相应款项全额支付给生产商。

通俗来说，经销商自进购商品之日起到偿付生产商全额款项之日止，则为账期。

例如，生产商与经销商约定的账期是45天，如果经销商于2021年4月1日进购生产商的商品，那么需要在2021年5月15日向生产商偿付所有款项。

从某种角度上来说，合理的账期对于生产商的发展可以起到一定的积极作用，比如为了与竞争对手进行对抗，生产商往往会相比竞争对手给予经销商更长的账期作为诱惑。但是，账期过长不仅会严重影响企业的发展，甚至会严重降低企业的财务信用。

过长的账期犹如悬在生产商头顶上的"达摩克利斯"之剑，而且账期越长这把"剑"带来的威胁越大。

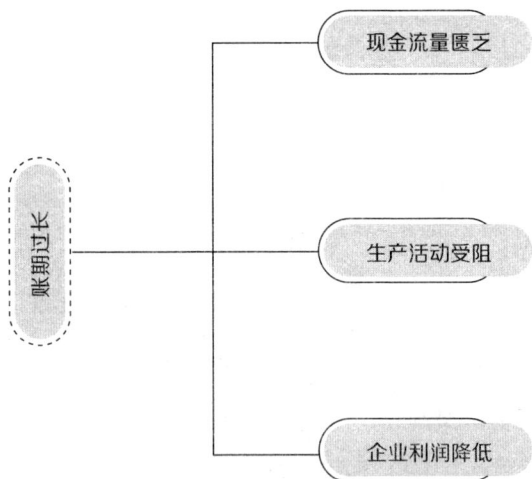

图7-6　账期过长的负面影响

1.现金流具有断裂的风险

账期越长，说明生产商的应收账款比例越大。如果经销商的销售能力比较强，进购商品的效率比较高，那么生产商将彻底陷入需要垫付巨额资金的困境中，很可能会导致生产商的现金流出现断裂的风险。

2.生产活动无法开展

由于账期过长，生产商无法及时回笼资金，则意味着没有充足的资金用于企业生产经营，比如无法采购原材料、支付员工工资、缴纳所得税等。这不仅会阻止企业生产活动的正常开展，甚至会导致企业倒闭。

3.大大降低企业利润

很多生产商的资金也是通过融资得来，比如通过向银行贷款等，所以是需要支付利息的。而账期过长，相当于生产商需要代替经销商支付的利息越多，因为资金在账期内被经销商无偿使用。生产商的资金使用成本增加，利润必然会降低。

那么，账期应该控制在多长时间内才算合适呢？

2006年10月13日，商务部、国家发展和改革委员会、公安部、国家税务总局、国家工商行政管理总局联合发布了《零售商供应商公平交易管理办法》，自2006年11月15日起施行。

《零售商供应商公平交易管理办法》中第十四条规定："零售商与供应商应按商品的属性在合同中明确约定货款支付的期限，但约定的支付期限最长不超过收货后60天。"

为什么法律法规要求的账期是60天呢？

商务部、国家发展和改革委员会、公安部、国家税务总局、国家工商行政管理总局共同给出的答案是："账期问题是零供矛盾的重要问题。国内无论是外资还是内资零售商都存在账期过长的问题，原本可以当时、当月结算的货款，一些零售商却在合同中规定两三个月之后支付，个别商品的货款账期甚至长达半年。为保护供应商的合法权益，一些发达国家和地区对货款账期作了明确规定。《办法》借鉴国外规定，从国情出发，确定收货后60天支付货款。这是零售商能够做到、供应商可以接受的相对合理的货款支付期限。"

如果谁仅仅为了留住几个经销商而无限期延长账期，不仅得不偿失，最终将亲手断送企业的前程。只有在合法的情况下，尽量将账期缩短，才能避免企业出现现金流匮乏的风险。要知道，任何企业离开资金都将无法生存。

通过库存控制加速资金周转

库存通常可以占据企业总资产的40%左右，最低不会低于20%，最高可以达到60%，是企业可以用于交换的资产和销售的资

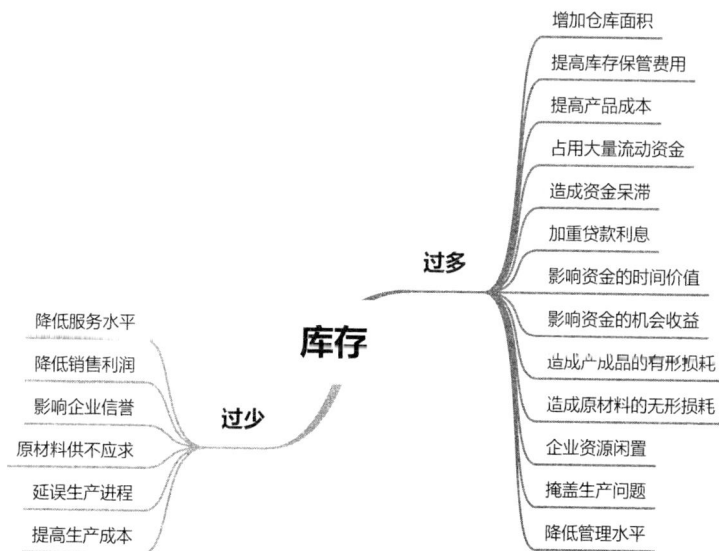

图7-7　库存过多或多少带来的负面影响

产。它属于企业流动资产的重要组成部分，甚至可以看作是企业的一项非常重要的投资项目。

然而，任何企业的库存都必须得到控制，比如保持库存量始终维持在合理的水平上，从而保证企业正常的生产、经营需求；降低库存空间占有率，从而减少库存占用成本，并提高企业资金周转率。

毋庸置疑，库存是企业发展过程中绕不开的一个环节，但只有有效的库存控制才能发挥库存的价值，才能保障库存不会过多也不会过少，而是保持在一个合理的水平上——在保证企业生产所需的同时，降低库存资金的占用比例，为企业资金流转平添一份动力。

从狭义层面来说，库存控制就是防止库存出现过多或者过少的问题，从而降低企业资金周转的压力，即通过最少的库存投资，创造最大的库存价值。

从广义层面来说，库存控制是针对企业生产与经营过程中的所有物品，包括原材料、半成品、产成品，以及各种有形资源与无形资源进行管理和控制。在减少损耗，方便存取，降低库存管理费用的基础上，将库存维持在合理的水平上，从而创造最大的经济效益。

然而，一旦谈及库存控制，很多人便会认为对物料的出入库、物料的移动、库存盘点、库存物料信息的分析和管理就是库存控制。其实，这是非常大的认知误区。这种错误的认知层面上的库存控制实际上只是库存控制的一种看得见的表现形式，是针对实物库存进行管理的一种手段，但并不是库存控制的全部。因为有效的库存控制还包括非实物库存的管理，比如对现金流运作的管理、对库存风险的管理、订单的预测、生产计划的制定、物料采购计划的制定等。

可以说，库存控制覆盖了与生产环节相关的各个流程。如果想要通过库存控制加速资金周转，就必须管理好每个流程，而不是仅仅对看得见摸得着的原材料、产成品等进行管理。

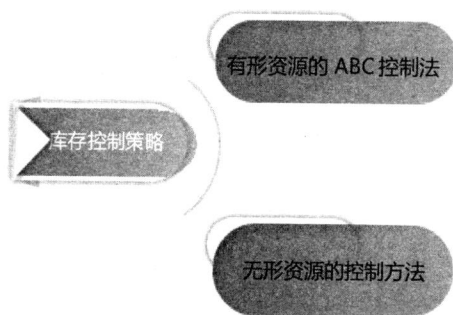

图7-8　库存控制策略

1.有形资源的ABC控制法

ABC控制法的基本逻辑是：将企业的全部库存物品按照价值的高低分为三类，价值最高的物品为A类，价值中等的物品为B类，价值最低的物品为C类。通过对库存物品进行分类，可以依据不同的价值标准进行区别管理，通常是优先对A类物品加强控制，减少库存积压，以免遭受更大的损失。

2.无形资源的控制方法

库存控制不仅针对的是仓储，而且与仓储相关的上下游也是库存控制的范围，比如下游客户的需求，上游供应商的供给情况。而企业想要控制好整个供销链路，不但要通过采购部、销售部执行简单的采购原材料和销售产品的工作，而且应该做好预防工作。这就要求企业应该优化组织结构，将库存的风险和问题扼杀在萌芽状态，做好事前预防工作，而不是等到问题与风险出现后，做"事后诸葛亮"。

库存控制不只是针对制造业企业，其他行业也需要重视库存控制。虽然其他行业不像制造业这样具有显著的原材料、零部件等物品需要库存，但是并不意味着其他行业不需要库存。例如，电商企业的订货管理、订货处理等同样属于库存控制的范围。所以，无论何种性质的企业，想要加快资金周转，就需要做好库存控制，最大化降低库存资金的积压。

构建成本控制体系保证财务管控目标的实现

在财务管控过程中，相信有不少企业老板遇到过以下情形：

虽然企业的财务管控战略与时俱进，却找不到控制的具体方向。

虽然企业制定了详细的成本控制计划，但除了财务部门外，经常被其他部门置若罔闻。

虽然企业老板很重视成本控制，但对于企业员工来说根本不知道成本控制的价值是什么。

……

想要解决以上问题，我们不妨先来了解一下成本控制究竟是什么。

成本控制是指企业针对某一时期的经营活动，在开展之前基于财务管控的整体预算进行成本预算。由活动主体依据成本计划对活动开始之前以及活动开展过程中各种可能导致成本增加的因素进行标记，并通过及时分析采取有效措施进行预防和调节，保证财务管控目标的实现。

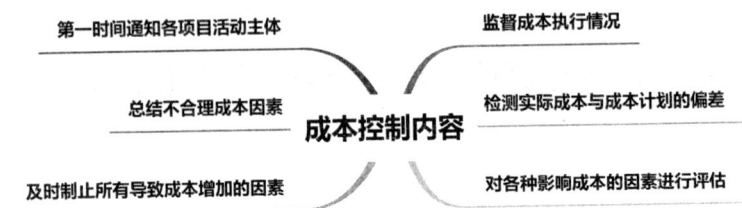

图7-9　成本控制的内容

　　成本控制不只是财务部门的事情，也是企业每个部门、每个员工应该重视的事情。所以，企业老板在实施财务管控过程中出现上述情形的主要原因是没有构建全面的企业成本控制体系。大家缺乏企业成本管理思维，找不到或者是不会寻找有效改善企业成本的方法，依然被传统的成本控制框架束缚，仅仅从企业某个角度（财务部门）的经营视角出发，微观地分析并控制成本。

　　换句话说，只有结合企业的真实情况构建完善的成本控制体系，才能让成本控制直接服务于企业财务管控的核心目标，为决策者提供关键有效的成本数字支持，成为企业增加盈利的根本途径。

图7-10　成本控制体系的作用

　　有人曾把成本比作企业的"牛鼻子"，那么成本控制就相当于企业的"心脏"，构建成本控制体系是企业必须面对的重要而永恒的管理课题。然而，构建成本控制体系不是为了节约而控制，更不是通过控制盲目降低成本，而是通过系统流程提高企业的长期竞争优势。

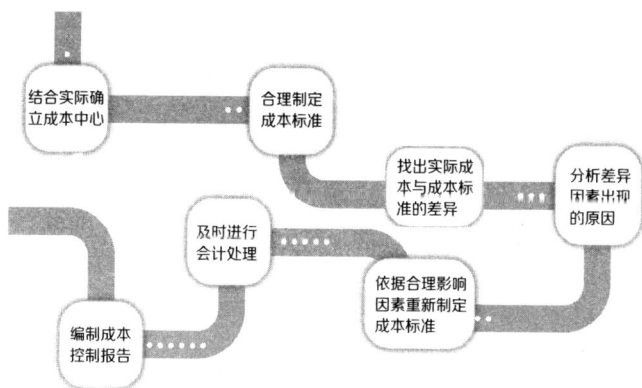

图7-11　成本控制体系的构建流程

成本控制体系的具体构建步骤如下：

第一步，结合企业实际情况确立成本中心，并确定成本控制标准。成本中心即由谁行使成本决策权，一般可以通过设立一个独立的部门，担负成本控制的管理和考核责任，有效监控成本的波动性与合理性。同时基于企业现有的财务状况，以及未来3至5年的财务变动的可能性，制定企业可以实现的成本控制标准，即标准的尺度不宜过大也不应过小。

第二步，对标实际成本与成本标准的差距，即对成本控制的成效做出评估。成本标准的制定只是依据尚未开展的经营活动进行的预算，实际开展经营活动的过程中难免会出现一些成本标准未包含的因素，从而对成本标准产生影响。无论是基于正面影响低于成本标准的实际成本，还是源于负面影响高于成本标准的实际成本，都需要第一时间重点关注、标记，为下一步工作打好基础。

第三步，分析影响成本标准的各种因素，找出各种影响因素产生的背后原因。如果是负面因素需要尽快提出有效的制止策略和方法，以免导致成本进一步增加；如果是正面因素，需要将各种原因进行汇总，并依据正向偏差的指向，重新制定成本标准，可以进一步降低企业成本，但要同时保证准确性、及时性、可靠性、适用性。

第四步，依据成本标准采取有效的控制方法实施正向干预，包括ABC成本法、绝对成本控制法、相对成本控制法、全面成本控制法等。

ABC成本法

绝对成本控制法

相对成本控制法

全面成本控制法

（1）ABC成本法

这种成本控制方法，是将企业的各种经营活动按照一定的标准分为：A类核心经营活动，B类重要经营活动，C类一般经营活动。将相同标准的经营活动进行有效整合，根据每一类经营活动的成本消耗，采取有针对性地控制和考核。

（2）绝对成本控制法

这种方法需要企业依据自身的实际财务可以承担的负压，对成本的消耗程度设置上限和下限。如果成本的消耗超过上限标准，则说明成本在增加，存在浪费资金的情况，需要进行干预；如果成本的消耗低于下限，同样需要进行控制，因为成本过低难以保证产品或者服务质量。

（3）相对成本控制法

这种方法是将投入成本与生产规模（数量）、销售规模（数量）、销售收入相结合，通过综合考量进行成本控制，而不是一味地以降低成本为目的。也就是说，在生产规模（数量）、销售规模（数量）扩大的同时提高了投入成本，但是能带来更多的销售收入，甚至每增加1倍的投入成本，却可以带来2倍的销售收入，而且利润率同步增长，那么就可以扩大投入成本。

（4）全面成本控制法

这种方法就犹如其名称一样，是需要企业全体人员参与的对所有经营活动成本进行控制、监督和考核，具有一定的激励性，可以有效推动成本控制体系的形成。

在企业财务管控中，成本控制占据着极其重要的地位，但需要注意的一点是，如果通过偷工减料、粗制滥造、制假售假等行为盲目降低成本——即以牺牲产品、服务的质量为代价——不仅会降低企业核心竞争力、丧失企业信誉，甚至会加速企业破产倒闭。

第八章

. . . . .
. . . . .

"表"里如一的惊喜

——财务反馈机制

为企业财务"体检"的资产负债表

资产负债表是指企业在每个核算经营活动或预算执行情况所规定的起讫期间结束后，即在各会计期末对企业资产、负债和股东权益的状况进行反映的主要会计报表，所以也叫"资产状况表"。

表8-1 资产负债表例表

编制单位：	年度				单位：元
资产类	年初数	期末数	负债及权益类	年初数	期末数
流动资产：			流动负债：		
货币资金			短期借款		
短期投资			应付票据		
应收票据			应付账款		
应收股利			预收账款		
应收利息			其他应付款		

应收账款		应付工资		
预付账款		应付福利费		
应收补贴款		应付股利		
其他应收款		应交税金		
存货		其他未交款		
待摊费用		预提费用		
一年内到期的长期债券投资		预计负债		
其他流动资产		一年内到期的长期负债		
流动资产合计		其他流动负债		
长期投资:		流动负债合计		
长期股权投资		长期负债:		
长期债权投资		长期借款		
长期投资合计		应付债券		
其中: 合并价差		长期应付款		
固定资产:		专项应付款		
固定资产原价		其他长期负债		
减: 累计折旧		长期负债合计		
固定资产净值		递延税项:		
减: 固定资产减值准备		递延税款贷项		
工程物资		负债合计		
在建工程		少数股东权益		

续表

		所有者权益或股东权益:		
固定资产清理				
固定资产合计		实收资本		
无形资产及其他资产		减:已归还投资		
无形资产		实收资本净额		
长期待摊费用		资本公积		
其他长期资产		盈余公积		
无形资产及其他资产合计		其中:法定公益金		
递延税项:		未分配利润		
递延税款借项		所有者权益合计		
资产总计		**负债及权益合计**		

由上表可以看出,资产负债表的编制是基于会计平衡原则,将一个会计期的资产、负债、股东权益等交易科目之间的钩稽关系进行梳理,按照会计原则分为"资产"和"负债及权益类"两大类。同时,按照一定的分类标准和顺序又将资产、负债和股东权益进行了细分,比如按照流动性大小进行列示,分别将资产分为流动资产、长期投资、固定资产、无形资产及其他资产,将负债分为流动负债、长期负债;股东权益则按实收资本、资本公积、盈余公积、未分配利润等项目分项列示。

由于资产负债表是在一个会计期末进行分录、转账、分类账、试算、调整等会计程序,也就是发生在企业经营活动停止后，所以资产负债表是以企业的静态情况为基准，对企业资产、负债、所有者权益的总体规模和结构进行反映。

通过分析资产负债表，可以了解企业财务状况的变动情况及变动原因，评价企业的会计政策是否存在弊端，相关数据是否存在差错，从而可以更有针对性地提出解决措施。

一般来说，可以通过一看、二解、三算来阅读和分析资产负债表。

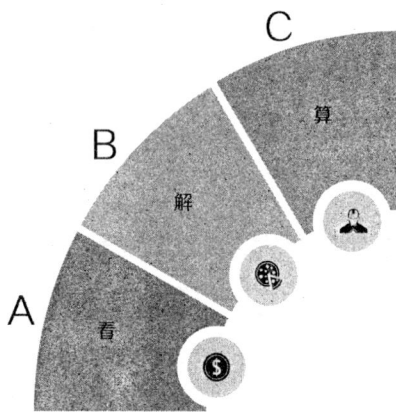

图8-1 资产负债表的解析方法

1.看

看的目的主要是对资产负债表进行大概预览，对资产负债表形成一个初步认识，包括资产总额是多少、负债总额是多少、股东权益总额是多少，以及各项目的构成是否完整，增减情况是否存在大的出入等,从而对企业的整体经营规模有一定的了解。

2.解

解的目的主要是对资产负债表进行解剖和分析,通过详细查看各项目的增减变化,获取一定的信息资源。

例如,当企业资产总额的增长幅度低于所有者权益的增长幅度时,意味着在本会计期末增强了企业的资金实力,相反,则意味着企业的负债规模与企业规模形成了正比,企业的债务风险在提高,资金实力在减弱;当企业总资产中的应收账款占比较高时,说明企业的大量资金已经被严重占用,而且应收账款的账龄越长,说明企业收回账款的概率越小,更意味着企业的资金周转难度增加;当企业的存货较多时,说明企业储备有大量的产成品,以及正在生产的产品,一旦打开销路,降为企业创造可观的经济效益;当企业的股本总额低于法定的资本公积金时,说明企业的股利分配政策是公平、合理的。

3.算

算是指通过资产负债表反映的信息以及结合各项数据,可以计算出企业的净资产比率、销售利润率等。

例如,已知企业净资产是100万元,总资产是500万元,依据公式"净资产比率=净资产/总资产"可以计算出净资产比率为20%。如果净资产比率相比上一个会计期末的净资产比率出现上涨，则说明降低了企业的资产负债率，企业偿债风险同步降低。

全球著名的投资家沃伦·巴菲特曾说过："在我们买了股票之后，即使股票市场关闭一两年，我们也一点不会为此心神不宁。我们并不需要每天的股票报价来证明我们持股的风险大小。"

那么，沃伦·巴菲特究竟依靠什么来判断自己持有的股票是否存在风险呢？答案就是他所持有股票的公司的资产负债表。因为资产负债表可以反映该企业的长期业绩如何，是否拥有雄厚的财务实力支撑企业长期发展等。

检验财务管控结果的利润表

利润表是指按照月度、季度、半年度或年度的会计期间,将企业在此期间实现的各种收入、付出的各种成本或支出、分摊的各种费用、赚取的各项利润等,进行分录与揭示的会计报表。

然而,在企业经营过程中,不一定在任何时间或者任何项目中都可以实现盈利,也有可能出现亏损,所以利润表也叫"损益表"。

表8-2 利润表例表

编制单位: _____ 年度		单位:元
项目	本月数	本年累计数
一、主营业务收入		
减:主营业务成本		
主营业务税金及附加		

二、主营业务利润		
加：其他业务利润		
减：营业费用		
管理费用		
财务费用		
三、营业利润		
加：投资收益		
补贴收入		
营业外收入		
减：营业外支出		
加：以前年度损益调整		
四、利润总额		
减：所得税		
少数股东损益		
五、净利润		

利润表上的每一项数据都会影响企业的很多相关利益，比如我国的税收收入、职工的工资以及其他报酬、管理人员的薪资以及股东的股利分红等。正是由于利润表的作用很重要，因此利润表的地位甚至超越了资产负债表的地位，成为一项重要的财务报表。

利润表属于动态的报表，可以反映出一个企业在一定时期内生产经营的亏损情况，也可以用来评价企业的生产经营成果和投资效率。它可以评估企业投资的报酬和价值，分析企业的盈利能力和未来的盈利趋势，甚至可以衡量企业在经营管理上是成功还是失败。

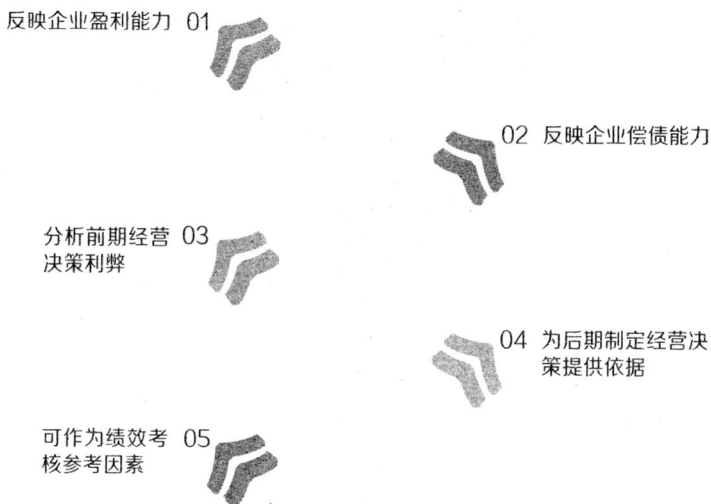

反映企业盈利能力 01

02 反映企业偿债能力

分析前期经营 03
决策利弊

04 为后期制定经营决
策提供依据

可作为绩效考 05
核参考因素

图8-2 利润表的作用

例如，用收入减去费用和损失，就可以得出本会计期间的利润，从而对本会计期间取得的成果是否达到预期进行科学衡量，据此对企业资本的价值是保值还是贬值做出判断。

与此同时，可以将利润表与资产负债表相结合进行分析。例如，用上面计算得来的净利润与资产负债表中的资产总额相比，可以得知企业的资产回报率。如果资产回报率较低，则说明企业经营活动过程中存在资金浪费情况，需要尽快想办法制止；相反，则说明企业资金周转顺利，意味着企业的盈利能力和水平较高。

通过对利润表反映信息的分析，尤其是结合资产负债表，可以为企业老板对企业未来的发展趋势做出合理判断，制定更有效的经济决策提供帮助。

充满真金白银的现金流量表

现金流量表也被称为"财务状况变动表",是财务报表中最基本的会计报表之一。它是指企业在一个特定的时期内,通常是每月或每个季度企业现金的增减变化。

表8-3 现金流量表例表

编制单位: _____年度			单位:元
项目	行次	本月数	本年累计数
一、经营活动产生的现金流量:			
1.销售商品、提供劳务收到的现金			
2.收到税费返还			
3.收到的其他与经营活动有关的现金			
现金流入小计			
1.购买商品、接受劳务支付的现金			
2.支付给职工以及为职工支付的现金			

3.支付的各项税费			
4.支付的其他与经营活动有关的现金			
现金流出小计			
经营活动产生的现金流量净额			
二、投资活动产生的现金流量：			
1.收回投资所收到的现金			
2.取得投资收益所收到的现金			
3.处理固定资产、无形资产和其他长期资产而收到的现金净额			
4.收到的其他与投资活动有关的现金			
现金流入小计			
1.购建固定资产、无形资产和其他长期资产所支付的现金			
2.投资所支付的现金			
3.支付的其他与投资活动有关的现金			
现金流出小计			
投资活动产生的现金流量净额			
三、筹资活动产生的现金流量：			
1.吸收投资所收到的现金			
3.借款所收到的现金			
3.收到的其他与筹资活动有关的现金			
现金流入小计			
1.偿还债务所支付的现金			

2.分配股利或利润或偿付利息所支付的现金			
3.支付的其他与筹资活动有关的现金			
现金流出小计			
筹资活动产生的现金净流量净额			
四、汇率变动对现金的影响额			
五、现金及现金等价物净增加额			

现金流量表可以反映一个企业在一定时期内现金的流出和流进的情况。通过观察现金流量表，可以看出一个企业的经营活动、筹资活动以及投资活动对企业现金情况的影响。

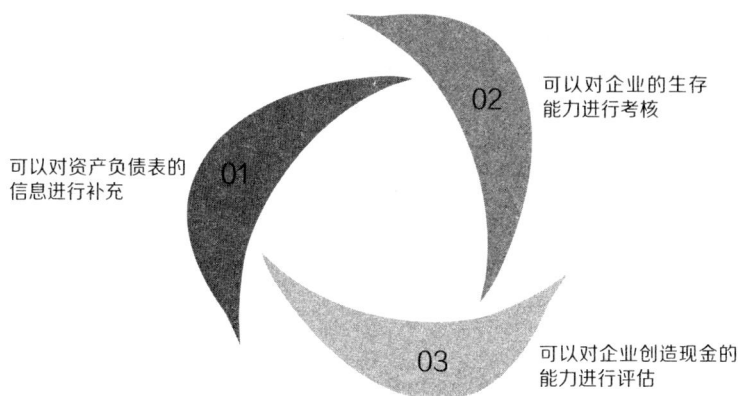

图8-3 现金流量表的作用

通过现金流量表，企业老板可以从数字上对该企业现金流动性的强弱进行基本判断，而且依据显示的数据能够对企业的偿还债务能力和企业的变现能力进行评估。

例如，将现金流量表中的现金流量数据与企业的生产经营指标进行对比，可以得知企业的现金来源以及现金的用途是否恰当，进而可以大体判断对外部资金的依靠比例。

也就是说，通过现金流量表，企业能够对其将来的现金流量进行预估，并及时调整现金流量的规划和现金的合理使用，使企业处于最佳的经营状态。

此外，通过对现金流量表的分析可以为企业老板制定经营决策提供依据。例如，当支付给职工以及为职工支付的现金较高时，说明企业的用工规模在扩大，企业老板就需要及时依据企业的现实情况衡量实际用工需求，重新制定用工策略。

现金流量表反映了一家企业是否处于"健康经营状态"，为企业存在的资金浪费情况敲响了警钟，同时也为企业创造更多的真金白银指明了方向。

影响财务结构的所有者权益变动表

所有者权益变动表也被称为"股东权益变动表",是指对某一个特定时期内构成企业所有者权益的各组成部分发生增减变动的情况进行及时反映的报表。

表8-4 所有者权益变动表例表

项目	本年金额										上年金额									
	实收资本（或股本）	其他权益工具			资本公积	减：库存股	其他综合收益	专项储备	盈余公积	未分配利润	所有者权益合计	实收资本（或股本）	其他权益工具			资本公积	减：库存股	其他综合收益	专项储备	盈余公积	未分配利润	所有者权益合计
		优先股	永续债	其他									优先股	永续债	其他							

续表

一、上年年末余额																		
加：会计政策变更																		
前期差错更正																		
其他																		
二、本年年初余额																		
三、本年增减变动金额（减少以"-"号填列）																		
（一）综合收益总额																		
（二）所有者投入和减少资本																		
1.所有者投入的普通股																		
2.其他权益工具持有者投入资本																		
3.股份支付计入所有者权益的金额																		
4.其他																		

（三）利润分配														
1.提取盈余公积														
2.对所有者（或股东）的分配														
3.其他														
（四）所有者权益内部结转														
1.资本公积转增资本（或股本）														
2.盈余公积转增资本（或股本）														
3.盈余公积弥补亏损														
4.设定受益计划变动额结转留存收益														
5.其他综合收益结转留存收益														
6.其他														
四、本年年末余额														

所有者权益变动表针对所有者权益变动情况的反映具有时间性和全面性的特征。

通常，所有者权益变动表可以揭示股东权益发生变化的原因，比如企业盈利增多，或者经营亏损，以及现金股利的发放等，都可以导致股东权益发生变动。

图8-4　所有者权益变动表的作用

所有者权益包含净利润、所有者权益利得和损失、会计政策变更以及差错更正的累积、所有者投入资本以及向所有者分配利润、盈余公积、实收资本（股本）、资本公积、未分配利润的期初以及期末余额。

当资本公积大幅度增加的原因是源于资本（或股本）溢价时，说明企业投资者投入的资金超过其在注册资本中所占的份额。

与此同时，所有者权益变动表通过反映股东权益的变动明细情况，可以进一步验证资产负债表、利润表和现金流量表的正确性，为企业老板提供更多相关的财务信息，为完善财务结构打下基础。

附录

企业财务通则

第一章　总则

第一条　为了加强企业财务管理，规范企业财务行为，保护企业及其相关方的合法权益，推进现代企业制度建设，根据有关法律、行政法规的规定，制定本通则。

第二条　在中华人民共和国境内依法设立的具备法人资格的国有及国有控股企业适用本通则。金融企业除外。

其他企业参照执行。

第三条　国有及国有控股企业（以下简称企业）应当确定内部财务管理体制，建立健全财务管理制度，控制财务风险。

企业财务管理应当按照制定的财务战略，合理筹集资金，有效营运资产，控制成本费用，规范收益分配及重组清算财务行为，加强财务监督和财务信息管理。

第四条　财政部负责制定企业财务规章制度。

各级财政部门（以下通称主管财政机关）应当加强对企业财

务的指导、管理、监督，其主要职责包括：

（一）监督执行企业财务规章制度，按照财务关系指导企业建立健全内部财务制度。

（二）制定促进企业改革发展的财政财务政策，建立健全支持企业发展的财政资金管理制度。

（三）建立健全企业年度财务会计报告审计制度，检查企业财务会计报告质量。

（四）实施企业财务评价，监测企业财务运行状况。

（五）研究、拟订企业国有资本收益分配和国有资本经营预算的制度。

（六）参与审核属于本级人民政府及其有关部门、机构出资的企业重要改革、改制方案。

（七）根据企业财务管理的需要提供必要的帮助、服务。

第五条 各级人民政府及其部门、机构，企业法人、其他组织或者自然人等企业投资者（以下通称投资者），企业经理、厂长或者实际负责经营管理的其他领导成员（以下通称经营者），依照法律、法规、本通则和企业章程的规定，履行企业内部财务管理职责。

第六条 企业应当依法纳税。企业财务处理与税收法律、行政法规规定不一致的，纳税时应当依法进行调整。

第七条 各级人民政府及其部门、机构出资的企业，其财务关系隶属同级财政机关。

第二章　企业财务管理体制

第八条　企业实行资本权属清晰、财务关系明确、符合法人治理结构要求的财务管理体制。

企业应当按照国家有关规定建立有效的内部财务管理级次。企业集团公司自行决定集团内部财务管理体制。

第九条　企业应当建立财务决策制度，明确决策规则、程序、权限和责任等。法律、行政法规规定应当通过职工（代表）大会审议或者听取职工、相关组织意见的财务事项，依照其规定执行。

企业应当建立财务决策回避制度。对投资者、经营者个人与企业利益有冲突的财务决策事项，相关投资者、经营者应当回避。

第十条　企业应当建立财务风险管理制度，明确经营者、投资者及其他相关人员的管理权限和责任，按照风险与收益均衡、不相容职务分离等原则，控制财务风险。

第十一条 企业应当建立财务预算管理制度，以现金流为核心，按照实现企业价值最大化等财务目标的要求，对资金筹集、资产营运、成本控制、收益分配、重组清算等财务活动，实施全面预算管理。

第十二条 投资者的财务管理职责主要包括：

（一）审议批准企业内部财务管理制度、企业财务战略、财务规划和财务预算。

（二）决定企业的筹资、投资、担保、捐赠、重组、经营者报酬、利润分配等重大财务事项。

（三）决定企业聘请或者解聘会计师事务所、资产评估机构等中介机构事项。

（四）对经营者实施财务监督和财务考核。

（五）按照规定向全资或者控股企业委派或者推荐财务总监。

投资者应当通过股东（大）会、董事会或者其他形式的内部机构履行财务管理职责，可以通过企业章程、内部制度、合同约定等方式将部分财务管理职责授予经营者。

第十三条 经营者的财务管理职责主要包括：

（一）拟订企业内部财务管理制度、财务战略、财务规划、编制财务预算。

（二）组织实施企业筹资、投资、担保、捐赠、重组和利润分配等财务方案，诚信履行企业偿债义务。

（三）执行国家有关职工劳动报酬和劳动保护的规定，依法缴纳社会保险费、住房公积金等，保障职工合法权益。

（四）组织财务预测和财务分析，实施财务控制。

（五）编制并提供企业财务会计报告，如实反映财务信息和有关情况。

（六）配合有关机构依法进行审计、评估、财务监督等工作。

第三章　资金筹集

第十四条　企业可以接受投资者以货币资金、实物、无形资产、股权、特定债权等形式的出资。其中，特定债权是指企业依法发行的可转换债券、符合有关规定转作股权的债权等。

企业接受投资者非货币资产出资时，法律、行政法规对出资形式、程序和评估作价等有规定的，依照其规定执行。

企业接受投资者商标权、著作权、专利权及其他专有技术等无形资产出资的，应当符合法律、行政法规规定的比例。

第十五条　企业依法以吸收直接投资、发行股份等方式筹集权益资金的，应当拟订筹资方案，确定筹资规模，履行内部决策程序和必要的报批手续，控制筹资成本。

企业筹集的实收资本，应当依法委托法定验资机构验资并出具验资报告。

第十六条　企业应当执行国家有关资本管理制度，在获准工商登记后30日内，依据验资报告等向投资者出具出资证明书，确定投资者的合法权益。

企业筹集的实收资本，在持续经营期间可以由投资者依照法律、行政法规以及企业章程的规定转让或者减少，投资者不得抽逃或者变相抽回出资。

除《公司法》等有关法律、行政法规另有规定外，企业不得回购本企业发行的股份。企业依法回购股份，应当符合有关条件和财务处理办法，并经投资者决议。

第十七条 对投资者实际缴付的出资超出注册资本的差额（包括股票溢价），企业应当作为资本公积管理。

经投资者审议决定后，资本公积用于转增资本。国家另有规定的，从其规定。

第十八条 企业从税后利润中提取的盈余公积包括法定公积金和任意公积金，可以用于弥补企业亏损或者转增资本。法定公积金转增资本后留存企业的部分，以不少于转增前注册资本的25%为限。

第十九条 企业增加实收资本或者以资本公积、盈余公积转增实收资本，由投资者履行财务决策程序后，办理相关财务事项和工商变更登记。

第二十条 企业取得的各类财政资金，区分以下情况处理：

（一）属于国家直接投资、资本注入的，按照国家有关规定增加国家资本或者国有资本公积。

（二）属于投资补助的，增加资本公积或者实收资本。国家拨款时对权属有规定的，按规定执行；没有规定的，由全体投资者共同享有。

（三）属于贷款贴息、专项经费补助的，作为企业收益处理。

（四）属于政府转贷、偿还性资助的，作为企业负债管理。

（五）属于弥补亏损、救助损失或者其他用途的，作为企业收益处理。

第二十一条 企业依法以借款、发行债券、融资租赁等方式筹集债务资金的，应当明确筹资目的，根据资金成本、债务风险和合理的资金需求，进行必要的资本结构决策，并签订书面合同。

企业筹集资金用于固定资产投资项目的，应当遵守国家产业政策、行业规划、自有资本比例及其他规定。

企业筹集资金，应当按规定核算和使用，并诚信履行合同，依法接受监督。

第四章　资产营运

第二十二条　企业应当根据风险与收益均衡等原则和经营需要，确定合理的资产结构，并实施资产结构动态管理。

第二十三条　企业应当建立内部资金调度控制制度，明确资金调度的条件、权限和程序，统一筹集、使用和管理资金。企业支付、调度资金，应当按照内部财务管理制度的规定，依据有效合同、合法凭证，办理相关手续。

企业向境外支付、调度资金应当符合国家有关外汇管理的规定。

企业集团可以实行内部资金集中统一管理，但应当符合国家有关金融管理等法律、行政法规规定，并不得损害成员企业的利益。

第二十四条　企业应当建立合同的财务审核制度，明确业务流程和审批权限，实行财务监控。

企业应当加强应收款项的管理，评估客户信用风险，跟踪客户履约情况，落实收账责任，减少坏账损失。

第二十五条 企业应当建立健全存货管理制度，规范存货采购审批、执行程序，根据合同的约定以及内部审批制度支付货款。

企业选择供货商以及实施大宗采购，可以采取招标等方式进行。

第二十六条 企业应当建立固定资产购建、使用、处置制度。

企业自行选择、确定固定资产折旧办法，可以征询中介机构、有关专家的意见，并由投资者审议批准。固定资产折旧办法一经选用，不得随意变更。确需变更的，应当说明理由，经投资者审议批准。

企业购建重要的固定资产、进行重大技术改造，应当经过可行性研究，按照内部审批制度履行财务决策程序，落实决策和执行责任。

企业在建工程项目交付使用后，应当在一个年度内办理竣工决算。

第二十七条 企业对外投资应当遵守法律、行政法规和国家有关政策的规定，符合企业发展战略的要求，进行可行性研究，按照内部审批制度履行批准程序，落实决策和执行的责任。

企业对外投资应当签订书面合同，明确企业投资权益，实施财务监管。依据合同支付投资款项，应当按照企业内部审批制度执行。

企业向境外投资的，还应当经投资者审议批准，并遵守国家境外投资项目核准和外汇管理等相关规定。

第二十八条　企业通过自创、购买、接受投资等方式取得的无形资产，应当依法明确权属，落实有关经营、管理的财务责任。

无形资产出现转让、租赁、质押、授权经营、连锁经营、对外投资等情形时，企业应当签订书面合同，明确双方的权利义务，合理确定交易价格。

第二十九条　企业对外担保应当符合法律、行政法规及有关规定，根据被担保单位的资信及偿债能力，按照内部审批制度采取相应的风险控制措施，并设立备查账簿登记，实行跟踪监督。

企业对外捐赠应当符合法律、行政法规及有关财务规定，制定实施方案，明确捐赠的范围和条件，落实执行责任，严格办理捐赠资产的交接手续。

第三十条　企业从事期货、期权、证券、外汇交易等业务或者委托其他机构理财，不得影响主营业务的正常开展，并应当签订书面合同，建立交易报告制度，定期对账，控制风险。

第三十一条　企业从事代理业务，应当严格履行合同，实行代理业务与自营业务分账管理，不得挪用客户资金、互相转嫁经营风险。

第三十二条 企业应当建立各项资产损失或者减值准备管理制度。各项资产损失或者减值准备的计提标准，一经选用，不得随意变更。企业在制订计提标准时可以征询中介机构、有关专家的意见。

对计提损失或者减值准备后的资产，企业应当落实监管责任。能够收回或者继续使用以及没有证据证明实际损失的资产，不得核销。

第三十三条 企业发生的资产损失，应当及时予以核实、查清责任，追偿损失，按照规定程序处理。

企业重组中清查出的资产损失，经批准后依次冲减未分配利润、盈余公积、资本公积和实收资本。

第三十四条 企业以出售、抵押、置换、报废等方式处理资产时，应当按照国家有关规定和企业内部财务管理制度规定的权限和程序进行。其中，处理主要固定资产涉及企业经营业务调整或者资产重组的，应当根据投资者审议通过的业务调整或者资产重组方案实施。

第三十五条 企业发生关联交易的，应当遵守国家有关规定，按照独立企业之间的交易计价结算。投资者或者经营者不得利用关联交易非法转移企业经济利益或者操纵关联企业的利润。

第五章 成本控制

第三十六条 企业应当建立成本控制系统，强化成本预算约束，推行质量成本控制办法，实行成本定额管理、全员管理和全过程控制。

第三十七条 企业实行费用归口、分级管理和预算控制，应当建立必要的费用开支范围、标准和报销审批制度。

第三十八条 企业技术研发和科技成果转化项目所需经费，可以通过建立研发准备金筹措，据实列入相关资产成本或者当期费用。

符合国家规定条件的企业集团，可以集中使用研发费用，用于企业主导产品和核心技术的自主研发。

第三十九条 企业依法实施安全生产、清洁生产、污染治理、地质灾害防治、生态恢复和环境保护等所需经费，按照国家有关标准列入相关资产成本或者当期费用。

第四十条　企业发生销售折扣、折让以及支付必要的佣金、回扣、手续费、劳务费、提成、返利、进场费、业务奖励等支出的，应当签订相关合同，履行内部审批手续。

企业开展进出口业务收取或者支付的佣金、保险费、运费，按照合同规定的价格条件处理。

企业向个人以及非经营单位支付费用的，应当严格履行内部审批及支付的手续。

第四十一条　企业可以根据法律、法规和国家有关规定，对经营者和核心技术人员实行与其他职工不同的薪酬办法，属于本级人民政府及其部门、机构出资的企业，应当将薪酬办法报主管财政机关备案。

第四十二条　企业应当按照劳动合同及国家有关规定支付职工报酬，并为从事高危作业的职工缴纳团体人身意外伤害保险费，所需费用直接作为成本（费用）列支。

经营者可以在工资计划中安排一定数额，对企业技术研发、降低能源消耗、治理"三废"、促进安全生产、开拓市场等作出突出贡献的职工给予奖励。

第四十三条　企业应当依法为职工支付基本医疗、基本养老、失业、工伤等社会保险费，所需费用直接作为成本（费用）列支。

已参加基本医疗、基本养老保险的企业，具有持续盈利能力和支付能力的，可以为职工建立补充医疗保险和补充养老保险，所需费用按照省级以上人民政府规定的比例从成本（费用）中提取。超出规定比例的部分，由职工个人负担。

第四十四条　企业为职工缴纳住房公积金以及职工住房货币化分配的财务处理，按照国家有关规定执行。

职工教育经费按照国家规定的比例提取，专项用于企业职工后续职业教育和职业培训。

工会经费按照国家规定比例提取并拨缴工会。

第四十五条　企业应当依法缴纳行政事业性收费、政府性基金以及使用或者占用国有资源的费用等。

企业对没有法律法规依据或者超过法律法规规定范围和标准的各种摊派、收费、集资，有权拒绝。

第四十六条　企业不得承担属于个人的下列支出：

（一）娱乐、健身、旅游、招待、购物、馈赠等支出。

（二）购买商业保险、证券、股权、收藏品等支出。

（三）个人行为导致的罚款、赔偿等支出。

（四）购买住房、支付物业管理费等支出。

（五）应由个人承担的其他支出。

第六章　收益分配

第四十七条　投资者、经营者及其他职工履行本企业职务或者以企业名义开展业务所得的收入，包括销售收入以及对方给予的销售折扣、折让、佣金、回扣、手续费、劳务费、提成、返利、进场费、业务奖励等收入，全部属于企业。

企业应当建立销售价格管理制度，明确产品或者劳务的定价和销售价格调整的权限、程序与方法，根据预期收益、资金周转、市场竞争、法律规范约束等要求，采取相应的价格策略，防范销售风险。

第四十八条　企业出售股权投资，应当按照规定的程序和方式进行。股权投资出售底价，参照资产评估结果确定，并按照合同约定收取所得价款。在履行交割时，对尚未收款部分的股权投资，应当按照合同的约定结算，取得受让方提供的有效担保。

上市公司国有股减持所得收益，按照国务院的规定处理。

第四十九条　企业发生的年度经营亏损，依照税法的规定弥补。税法规定年限内的税前利润不足弥补的，用以后年度的税后利润弥补，或者经投资者审议后用盈余公积弥补。

第五十条　企业年度净利润，除法律、行政法规另有规定外，按照以下顺序分配：

（一）弥补以前年度亏损。

（二）提取10%法定公积金。法定公积金累计额达到注册资本50%以后，可以不再提取。

（三）提取任意公积金。任意公积金提取比例由投资者决议。

（四）向投资者分配利润。企业以前年度未分配的利润，并入本年度利润，在充分考虑现金流量状况后，向投资者分配。属于各级人民政府及其部门、机构出资的企业，应当将应付国有利润上缴财政。

国有企业可以将任意公积金与法定公积金合并提取。股份有限公司依法回购后暂未转让或者注销的股份，不得参与利润分配；以回购股份对经营者及其他职工实施股权激励的，在拟订利润分配方案时，应当预留回购股份所需利润。

第五十一条　企业弥补以前年度亏损和提取盈余公积后，当年没有可供分配的利润时，不得向投资者分配利润，但法律、行政法规另有规定的除外。

第五十二条 企业经营者和其他职工以管理、技术等要素参与企业收益分配的，应当按照国家有关规定在企业章程或者有关合同中对分配办法作出规定，并区别以下情况处理：

（一）取得企业股权的，与其他投资者一同进行企业利润分配。

（二）没有取得企业股权的，在相关业务实现的利润限额和分配标准内，从当期费用中列支。

第七章 重组清算

第五十三条 企业通过改制、产权转让、合并、分立、托管等方式实施重组，对涉及资本权益的事项，应当由投资者或者授权机构进行可行性研究，履行内部财务决策程序，并组织开展以下工作：

（一）清查财产，核实债务，委托会计师事务所审计。

（二）制订职工安置方案，听取重组企业的职工、职工代表大会的意见或者提交职工代表大会审议。

（三）与债权人协商，制订债务处置或者承继方案。

（四）委托评估机构进行资产评估，并以评估价值作为净资产作价或者折股的参考依据。

（五）拟订股权设置方案和资本重组实施方案，经过审议后履行报批手续。

第五十四条 企业采取分立方式进行重组，应当明晰分立后的企业产权关系。

企业划分各项资产、债务以及经营业务，应当按照业务相关性或者资产相关性原则制订分割方案。对不能分割的整体资产，在评估机构评估价值的基础上，经分立各方协商，由拥有整体资产的一方给予他方适当经济补偿。

第五十五条 企业可以采取新设或者吸收方式进行合并重组。企业合并前的各项资产、债务以及经营业务，由合并后的企业承继，并应当明确合并后企业的产权关系以及各投资者的出资比例。

企业合并的资产税收处理应当符合国家有关税法的规定，合并后净资产超出注册资本的部分，作为资本公积；少于注册资本的部分，应当变更注册资本或者由投资者补足出资。

对资不抵债的企业以承担债务方式合并的，合并方应当制定企业重整措施，按照合并方案履行偿还债务责任，整合财务资源。

第五十六条 企业实行托管经营，应当由投资者决定，并签订托管协议，明确托管经营的资产负债状况、托管经营目标、托管资产处置权限以及收益分配办法等，并落实财务监管措施。

受托企业应当根据托管协议制订相关方案，重组托管企业的资产与债务。未经托管企业投资者同意，不得改组、改制托管企业，不得转让托管企业及转移托管资产、经营业务，不得以托管企业名义或者以托管资产对外担保。

第五十七条　企业进行重组时，对已占用的国有划拨土地应当按照有关规定进行评估，履行相关手续，并区别以下情况处理：

（一）继续采取划拨方式的，可以不纳入企业资产管理，但企业应当明确划拨土地使用权权益，并按规定用途使用，设立备查账簿登记。国家另有规定的除外。

（二）采取作价入股方式的，将应缴纳的土地出让金转作国家资本，形成的国有股权由企业重组前的国有资本持有单位或者主管财政机关确认的单位持有。

（三）采取出让方式的，由企业购买土地使用权，支付出让费用。

（四）采取租赁方式的，由企业租赁使用，租金水平参照银行同期贷款利率确定，并在租赁合同中约定。

企业进行重组时，对已占用的水域、探矿权、采矿权、特许经营权等国有资源，依法可以转让的，比照前款处理。

第五十八条　企业重组过程中，对拖欠职工的工资和医疗、伤残补助、抚恤费用以及欠缴的基本社会保险费、住房公积金，应当以企业现有资产优先清偿。

第五十九条 企业被责令关闭、依法破产、经营期限届满而终止经营的，或者经投资者决议解散的，应当按照法律、法规和企业章程的规定实施清算。清算财产变卖底价，参照资产评估结果确定。国家另有规定的，从其规定。

企业清算结束，应当编制清算报告，委托会计师事务所审计，报投资者或者人民法院确认后，向相关部门、债权人以及其他的利益相关人通告。其中，属于各级人民政府及其部门、机构出资的企业，其清算报告应当报送主管财政机关。

第六十条 企业解除职工劳动关系，按照国家有关规定支付的经济补偿金或者安置费，除正常经营期间发生的列入当期费用以外，应当区别以下情况处理：

（一）企业重组中发生的，依次从未分配利润、盈余公积、资本公积、实收资本中支付。

（二）企业清算时发生的，以企业扣除清算费用后的清算财产优先清偿。

第八章 信息管理

第六十一条 企业可以结合经营特点，优化业务流程，建立财务和业务一体化的信息处理系统，逐步实现财务、业务相关信息一次性处理和实时共享。

第六十二条 企业应当逐步创造条件，实行统筹企业资源计划，全面整合和规范财务、业务流程，对企业物流、资金流、信息流进行一体化管理和集成运作。

第六十三条 企业应当建立财务预警机制，自行确定财务危机警戒标准，重点监测经营性净现金流量与到期债务、企业资产与负债的适配性，及时沟通企业有关财务危机预警的信息，提出解决财务危机的措施和方案。

第六十四条 企业应当按照有关法律、行政法规和国家统一的会计制度的规定，按时编制财务会计报告，经营者或者投资者不得拖延、阻挠。

第六十五条　企业应当按照规定向主管财政机关报送月份、季度、年度财务会计报告等材料，不得在报送的财务会计报告等材料上作虚假记载或者隐瞒重要事实。主管财政机关应当根据企业的需要提供必要的培训和技术支持。

企业对外提供的年度财务会计报告，应当依法经过会计师事务所审计。国家另有规定的，从其规定。

第六十六条　企业应当在年度内定期向职工公开以下信息：

（一）职工劳动报酬、养老、医疗、工伤、住房、培训、休假等信息。

（二）经营者报酬实施方案。

（三）年度财务会计报告审计情况。

（四）企业重组涉及的资产评估及处置情况。

（五）其他依法应当公开的信息。

第六十七条　主管财政机关应当建立健全企业财务评价体系，主要评估企业内部财务控制的有效性，评价企业的偿债能力、盈利能力、资产营运能力、发展能力和社会贡献。评估和评价的结果可以通过适当方式向社会发布。

第六十八条　主管财政机关及其工作人员应当恰当使用所掌握的企业财务信息，并依法履行保密义务，不得利用企业的财务信息谋取私利或者损害企业利益。

第九章 财务监督

第六十九条 企业应当依法接受主管财政机关的财务监督和国家审计机关的财务审计。

第七十条 经营者在经营过程中违反本通则有关规定的，投资者可以依法追究经营者的责任。

第七十一条 企业应当建立、健全内部财务监督制度。

企业设立监事会或者监事人员的，监事会或者监事人员依照法律、行政法规、本通则和企业章程的规定，履行企业内部财务监督职责。

经营者应当实施内部财务控制，配合投资者或者企业监事会以及中介机构的检查、审计工作。

第七十二条 企业和企业负有直接责任的主管人员和其他人员有以下行为之一的，县级以上主管财政机关可以责令限期改正、予以警告，有违法所得的，没收违法所得，并可以处以不超过违法所得3倍、但最高不超过3万元的罚款；没有违法所得的，可以处以1万元以下的罚款。

（一）违反本通则第三十九条、四十条、四十二条第一款、四十三条、四十六条规定列支成本费用的。

（二）违反本通则第四十七条第一款规定截留、隐瞒、侵占企业收入的。

（三）违反本通则第五十条、五十一条、五十二条规定进行利润分配的。但依照《公司法》设立的企业不按本通则第五十条第一款第二项规定提取法定公积金的，依照《公司法》的规定予以处罚。

（四）违反本通则第五十七条规定处理国有资源的。

（五）不按本通则第五十八条规定清偿职工债务的。

第七十三条 企业和企业负有直接责任的主管人员和其他人员有以下行为之一的，县级以上主管财政机关可以责令限期改正、予以警告。

（一）未按本通则规定建立健全各项内部财务管理制度的。

（二）内部财务管理制度明显与法律、行政法规和通用的企业财务规章制度相抵触，且不按主管财政机关要求修正的。

第七十四条 企业和企业负有直接责任的主管人员和其他人员不按本通则第六十四条、第六十五条规定编制、报送财务会计报告等材料的，县级以上主管财政机关可以依照《公司法》、《企业财务会计报告条例》的规定予以处罚。

第七十五条　企业在财务活动中违反财政、税收等法律、行政法规的，依照《财政违法行为处罚处分条例》（国务院令第427号）及有关税收法律、行政法规的规定予以处理、处罚。

第七十六条　主管财政机关以及政府其他部门、机构有关工作人员，在企业财务管理中滥用职权、玩忽职守、徇私舞弊或者泄露国家机密、企业商业秘密的，依法进行处理。

第十章 附则

第七十七条 实行企业化管理的事业单位比照适用本通则。

第七十八条 本通则自2007年1月1日起施行。